简易改名法

出版缘起

圆方立极

「天圆地方」是传统中国的宇宙观，象征着天地万物，及其背后任运自然、生生不息、无穷无尽之大道。早在魏晋南北朝时代，何晏、王弼等名士更开创了清谈玄学之先河，主旨在于透过思辨及辩论以探求天地万物之道，当时是以《老子》、《庄子》、《易经》这三部著作为主，号称「三玄」。东晋以后因为佛学的流行，佛法便也融汇在玄学中。故知，古代玄学实在是探索人生智慧及天地万物之道的大学问。

可惜，近代之所谓玄学，却被误认为只局限于「山医卜命相」五术，及民间对鬼神的迷信，故坊间便泛滥着各式各样导人迷信之玄学书籍，而原来玄学作为探索人生智慧及天地万物之道的本质便完全被遗忘了。

有见及此，我们成立了「圆方出版社」（简称「圆方」）。《孟子》曰：「不以规矩、不成方圆」。所以，「圆方」的宗旨，是以「破除迷信、重人生智慧」为规，藉以拨乱反正，恢复玄学作为智慧之学的光芒；以「重理性、重科学精神」为矩，希望能带领玄学进入一个新纪元。「破除迷信、重人生智慧」即「圆而神」，「重理性、重科学精神」即「方以智」，既圆且方，故名「圆方」。

出版方面，「圆方」拟定四个系列如下：

1. 「智慧经典系列」：让经典因智慧而传世；让智慧因经典而普传。
2. 「生活智慧系列」：藉生活智慧，破除迷信；藉破除迷信，活出生活智慧。
3. 「五术研究系列」：用理性及科学精神研究玄学；以研究玄学体验理性、科学精神。
4. 「流年运程系列」：「不离日夜寻常用，方为无上妙法门。」不带迷信的流年运程书，能导人向善、积极乐观、得失随顺，即是以智慧趋吉避凶之大道理。

此外，「圆方」成立了「正玄会」，藉以集结一群热爱「破除迷信、重人生智慧」及「重理性、重科学精神」这种新玄学的有识之士，并效法古人「清谈玄学」之风，藉以把玄学带进理性及科学化的研究态度，更可广纳新的玄学研究家，集思广益，使玄学有另一突破。

自序

名字之重要，自古至今，上至天家，下至百姓莫不谨慎选取，因为姓名于人于企业，有如衣冠，亦隐喻成败吉凶之数。特别是很多父母为求子女一生顺利，学业、事业有成，身体健康，活得开心，过得快乐，都会非常认真地为孩子挑个好名字。所以本书也就应运而生了。

姓名学包含多个派别，例如部首派、画数派、五行派、八字派等，当中以画数派最为普及。而本人所创的「苏派简易改名法」之用法就最为简单，只要计算出自己到底属于寒命、热命或平命，便可进行改名。

至于书中介绍的取名用字原则，则建基于中国古代的改名法——以五音五行为重点，配合个人之出生时辰及命格所需之五行，然后再配以画数灵动吉凶，来定出一个好名字。

原本以为编著这本书不会花太多时间，谁不知写下来我足足用了一年有多，而当中主要工夫是花在字音校对、画数及字体五行发音所属上面。全本书，囊括名字不下过千，要逐一校对发音，才能把发音之五行定出，把坊间谬误纠正：如「岚」字读音「蓝」，舌头发音属火，但很多书写成属水；又如「沛」字为七画，但很多书都把这字定为八画；又如「希」字及「稀」字，「希」字被写成属水，但另一「稀」字则属木，到底是属水抑或木，又要细心研究一番，原来可属水及木。此外，国语发音及粤语发音有时并不一样，亦要逐一校对。

书中前半部分解释如何运用姓名学，后半部分详列中国百家姓和取名用字，读者先从百家姓表格内找出姓氏，知道姓氏的五行属性和可以与之相配的笔画，再从取名用字表格中选择可以配合的名字，取名用字表格分别依五行和笔划两种顺序法排列，目的是让读者更容易找到心目中想要的名字。

当你正为子女或是公司的名字而费煞思量时，这书可以为你提供详尽的指引。

蘇民峰

作者简介

苏民峰 长发，生于一九六〇年，人称现代赖布衣，对风水命理等术数有独特之个人见解。凭着天赋之聪敏及与术数的缘分，对于风水命理之判断既快且准，往往一针见血，疑难尽释。

以下是苏民峰近三十年之简介：

八三年 开始业余性质会客以汲取实际经验。

八六年 正式开班施教，包括面相、掌相及八字命理。

八七年 毅然抛开一切，只身前往西藏达半年之久。期间曾游历西藏佛教圣地「神山」、「圣湖」，并深入西藏各处作实地体验，对日后人生之看法实跨进一大步。回港后开设多间店铺（石头店），售卖西藏密教法器及日常用品予有缘人士，又于店内以半职业形式为各界人士看风水命理。

八八年 夏天受聘往北欧勘察风水，足迹遍达瑞典、挪威、丹麦及南欧之西班牙，回港后再受聘往加拿大等地勘察。同年接受《缤纷杂志》访问。

八九年 再度前往美加，为当地华人服务，期间更多次前往新加坡、日本、台湾等地。同年接受《城市周刊》访问。

九〇年 夏冬两次前往美加勘察，更多次前往台湾，又接受台湾之《翡翠杂志》、《生活报》等多本杂志访问。同年授予三名入室弟子苏派风水。

九一年　续去美加、台湾勘察。是年接受《快报》、亚洲电视及英国BBC国家电视台访问。所有访问皆详述风水命理对人生的影响，目的为使读者及观众能以正确态度去面对人生。同年又出版了「现代赖布衣手记之风水入门」录影带，以满足对风水命理有研究兴趣的读者。

九二年　续去美加及东南亚各地勘察风水，同年BBC的访问于英文电视台及卫星电视「出位旅程」播出。此年正式开班教授苏派风水。

九四年　首次前往南半球之澳洲勘察，研究澳洲计算八字的方法与北半球是否不同。同年接受两本玄学杂志《奇闻》及《传奇》之访问。是年创出寒热命论。

九五年　再度发行「风水入门」的录影带。同年接受《星岛日报》及《星岛晚报》的访问。

九六年　受聘前往澳洲、三藩市、夏威夷、台湾及东南亚等地勘察风水。同年接受《凸周刊》、《一本便利》、《优阁杂志》及美联社、英国MTV电视节目之访问。是年正式将寒热命论授予学生。

九七年　首次前往南非勘察当地风水形势。同年接受日本NHK电视台、丹麦电视台、《置业家居》、《投资理财》及《成报》之访问。同年创出风水之五行化动土局。

九八年　首次前往意大利及英国勘察。同年接受《TVB周刊》、《B International》、《壹周刊》等杂志之访问，并应邀前往有线电视、新城电台、商业电台作嘉宾。

九九年　再次前往欧洲勘察，同年接受《壹周刊》、《东周刊》、《太阳报》及无数杂志、报章访问，同时应邀往商台及各大电视台作嘉宾及主持。当年推出首部著作，名为《苏民峰观相知人》，并首次推出风水钻饰之「五行之饰」、「阴阳」、「天圆地方」系列，另多次接受杂志进行有关钻饰系列之访问。

二千年 再次前往欧洲、美国勘察风水，并首次前往纽约，同年 masterso.com 网站正式成立，并接受多本杂志访问关于网站之内容形式，及接受校园杂志《Varsity》、日本之《Marie Claire》、复康力量出版之《香港100个叻人》、《君子》、《明报》等杂志报章作个人访问。同年首次推出第一部风水著作《苏民峰风生水起（峦头篇）》、第一部流年运程书《蛇年运程》及再次推出新一系列关于风水之五行钻饰，并应无线电视、商业电台、新城电台作嘉宾主持。

〇一年 再次前往欧洲勘察风水，同年接受《南华早报》、《忽然一周》、《苹果日报》、日本杂志《花时间》、NHK 电视台、关西电视台及《读卖新闻》之访问，以及应纽约华语电台邀请作玄学节目嘉宾主持。同年再次推出第二部风水著作《苏民峰风生水起（理气篇）》及《马年运程》。

〇二年 再一次前往欧洲及纽约勘察风水。续应纽约华语电台邀请作玄学节目嘉宾主持，及应邀往香港电台作嘉宾主持。是年出版《苏民峰玄学锦囊（相掌篇）》、《苏民峰八字论命》、《苏民峰玄学锦囊（姓名篇）》。同年接受《3周刊》、《家周刊》、《快周刊》、《读卖新闻》之访问。

〇三年 再次前往欧洲勘察风水，并首次前往荷兰，续应纽约华语电台邀请作玄学节目嘉宾主持。同年接受《星岛日报》、《东方日报》、《成报》、《太阳报》、《壹周刊》、《一本便利》、《苹果日报》、《新假期》、《文汇报》、《自主空间》之访问，及出版《苏民峰玄学锦囊（风水天书）》与漫画《苏民峰传奇1》。

〇四年 再次前往西班牙、荷兰、欧洲勘察风水，续应纽约华语电台邀请作风水节目嘉宾主持，及应有线电视、华娱电视之邀请作其节目嘉宾。同年接受《新假期》、《MAXIM》、《壹周刊》、《太阳报》、《东方日报》、《星岛日报》、《成报》、《经济日报》、《快周刊》、《Hong Kong Tatler》之访问，及出版《苏民峰之生活玄机点滴》、漫画《苏民峰传奇2》、《家宅风水基本法》、《The Essential Face Reading》、《The Enjoyment of Face Reading and Palmistry》、《Feng Shui by Observation》及《Feng Shui — A Guide to Daily Applications》。

〇五年始 应邀为无线电视、有线电视、亚洲电视、商业电台、日本 NHK 电视台作嘉宾或主持，同时接受《壹本便利》、《味道杂志》、《三周刊》、《HMC》杂志、《壹周刊》之访问，并出版《观掌知心（入门篇）》、《中国掌相》、《八字万年历》、《八字入门捉用神》、《八字进阶论格局看行运》、《生活风水点滴》、《风生水起（商业篇）》、《如何选择风水屋》、《谈情说相》、《峰狂游世界》、《疯苏 Blog Blog 趣》、《师傅开饭》、《苏民峰美食游踪》、《A Complete Guide to Feng Shui》、《Practical Face Reading & Palmistry》、《Feng Shui — a Key to Prosperous Business》、五行化动土局套装、《相学全集一至四》及《八字秘法》等。

苏民峰顾问有限公司
电话：2780 3675
传真：2780 1489
网址：www.masterso.com
预约时间：星期一至五（下午二时至七时）

目录

姓名学之派别

姓名学之派别

部首派

是以每字之部首画数计算，如：

「草」字——草花头作「艸」，以六画算，所以草字为十二画。

「这」字——辶作辵字算，所以这字为十一画。

「潜」字——氵作水字算，所以潜字为十六画。

「忙」字——忄作心字算，所以忙字为七画。

余此类推，其它例子如下：

忄=心4画
扌=手4画
氵=水4画
犭=犬4画
（左）阝=阜8画
（右）阝=邑7画

王=玉5画
罒=网6画
穴=网6画
冈=网6画
月=肉6画
艹=艸6画
辶=辵7画

歺=歹4画
母=毋4画
氺=水4画
四=网6画
衤=衣6画

字面派

字面派即以字面画数计算，如：

「草」字——为九画。

「这」字——为七画。

「潜」字——为十五画。

「忙」字——为六画。

字面五行派

有木字部或草木之意，字属木；有火字旁及有火字之意，属火；有土字旁及有土之意的字，属土；有金字旁及金字之意的字，属金；有水字旁或有水字之意的字，属水。

例如：

木——草、林、森、禾等字。

火——火、炎、烹、炉等字。

土——土、壁、石、墙、路等字。

金——金、鑫、铜、钢等字。

水——水、湿、淼、湖、海等字。

注：这个单看字面有金、木、水、火、土之字而定其五行的做法是错的，因五行其实依据发音而定。

五音五行派

五音五行派是根据中国五音所属之五行而定出每字发音的五行。

角——木——牙音（月、元、彦、纪）

征——火——舌音（斗、天、沺、东）

宫——土——喉音（尤、曰、易、阿）

商——金——齿音（氏、升、丞、思）

羽——水——唇音（文、比、炳、保）

以上五音，水用唇发音，火用舌头发音，土用喉咙发音，比较容易掌握，但木用牙发音，金用齿发音，则比较容易混淆，故宜多加练习，好好掌握。

注：正式之每字之五行所属是以每字的发音计算。

画数派

现代的姓名学大多宗师于画数派。画数派其实原创于日本，再传至台湾，然后再流传至香港。此派主要将名字的画数分成一至八十一画，然后定出什么画数为凶数，什么画数为吉数，并配以天格、人格、地格、外格、总格，从而定出姓名之吉凶祸福。

而我这书所用的姓名学，是以字面画数、五音五行，再配以画数吉凶，从而定出一个好名字。

我在本书介绍的取名方法，是建基于中国古代的改名法。此法以五行为重点，并配以个人出生之时辰、行业之五行、地运之五行及所需之五行，再配合画数之灵动吉凶，来定出一个理想的名字。

改名法

改名法

地运五行法

不论人名或公司名字，改名时皆可参考地运五行。如七运属金，可用金旺的名字；如八运属土，则可用土旺的名字。

以下为各地运之五行属性：

八运属土（二〇〇四至二〇二三年）
九运属火（二〇二四至二〇四三年）
一运属水（二〇四四至二〇六三年）
二运属土（二〇六四至二〇八三年）
三运属木（二〇八四至二一〇三年）
四运属木（二一〇四至二一二三年）
五运属土（二一二四至二一四三年）

六运属金（二一四四至二一六三年）

七运属金（一九八四至二〇〇三年）

然后余此类推，一百八十年为一个循环。

地运改名法主要利用九星五行来生旺自己或公司名字之五行，从而提升个人的信心和运气。所以不论运数五行或运数五行所生，皆可为用。如八运属土，可用土及金的名字，因为土可生金；如九运属火，可用火及土的名字；如一运属水，则可用水及木的名字，余此类推。

八字改名法

此法主要依据自己出生的八字五行所属，从而产生「生我」、「克我」、「我生」、「我克」及「同我」。

「我生」者为思想、学习、智慧。

「我克」者为财，男命亦为妻。

「克我」者为地位、权力，女命为夫。

「生我」者为长辈、贵人、名气。

「同我」者为我及朋友助力。

改名时，可根据上述的五种原理，来选择自己所要或所欠的东西并加以配合。

例如阁下属**木**：

「我生」者为火——

火代表阁下之智慧，如命中欠火或正在求学阶段，便可以取火重之名字，以增智慧。

「我克」者为财——

木克土，土为木之财，亦为男命之妻。故如命中欠土财，则可改土旺之名字，从而增加财运及姻缘运。

「克我」者为地位、权力——

金克木，金为木之地位、权力，亦为女命之夫。如阁下想在权力上有所突破，又命中权力、地位无力，便可改金重的名字，借以增加个人名望。至于女命，亦可以此增加姻缘运。

「生我」者为长上、贵人、名气——

水生木，水为木之贵人、名气。如命中水弱，可改水重的名字，从而增加贵人及名气。

「同我」者为个人力量——

木见木为「同我」。如阁下从事专业或个人力量得财之工作，如律师、医生、会计师、建筑师，又或是从事多劳多得之工作，如地产经纪、金融业、美容业、表演事业等，均可利用木见木为「同我」的原则，透过增加木的力量，来增加工作量，从而达致多劳多得的效果。

如欲运用八字改名法，首先要知道自己的五行所属，然后再找出何种五行有利自己之工作运、财运、姻缘运等。但因为不是每一个人都知道自己的五行所属及五行之衰旺，又人在每一个时期都有不同之需要，所以八字改名法不太适合一般人使用。

苏民峰简易改名法

此法以中国改名法所用之五行再配以熊崎式之画数吉凶而成，原理简单。用者只要计算自己到底属于寒命、热命还是平命，便可进行改名。

寒命——生于西历八月八日（立秋）后，三月六日（惊蛰）前，宜用木、火名字。

热命——生于西历五月六日（立夏）后，八月八日（立秋）前，宜用金、水名字。

平命——生于西历三月六日（惊蛰）后，五月六日（立夏）前，木、火、土、金、水皆可为用，然以金、水较佳。

得悉自己属寒命、热命还是平命以后，只需再配以画数之吉凶即可，其它三才、阴阳可不用理会。

公司改名法

一、可用八字改名法。

二、可用苏民峰简易改名法。

如果公司没有主要股东，则可用行业改名法：

三、行业改名法——此法以从事的行业之五行为主，宜根据此行业或旺此行业的五行取名。

如从事饮食业，饮属水，食属火，如以饮为主则宜用金、水之字，如以食为主，则宜用木、火之字。

如从事服装销售，由于衣服属木，故宜改水、木之名字。

行业所属之五行：

木——一切与植物有关之行业，如中药、纸张、成衣、家私等。

火——一切与发热、燃烧有关之行业，如电器、电子产品、食物、塑胶、石油副产品等。

土——一切有关土、石之行业，如建筑、建筑材料等。

金——一切关于金属之行业，如五金、机器、珠宝首饰等。

水——一切流动性之行业，如贸易、航运、旅游、运输、银行、金融、经纪等。

只要再配以八十一画灵动数，便可取得一个有利公司发展的名字。

五格、三才及阴阳

五格

中国所用之五行改名法，比较注重字音之五行所属。但现代流行之熊崎式姓名学，则注重五格——天格、人格、地格、总格、外格——所组成的画数吉凶。此学要求五格皆吉才算是一个好名字，且当中还讲求三才的相互配合——相生为吉，相克为凶。笔者经过详细研究后发现，如要配合五格画数之吉凶，三才便会出现相克之象；如要配合三才之吉凶，则画数必然会出现问题，因姓为先天所限，而有些姓氏本来可以选择的组合就很少。所以要合乎规则，便难上加难。为使各读者既能容易地依从中国五行改名之法则，又能用上熊崎式之画数吉凶，我们只好选用较简易之改名法。

熊崎式改名法：

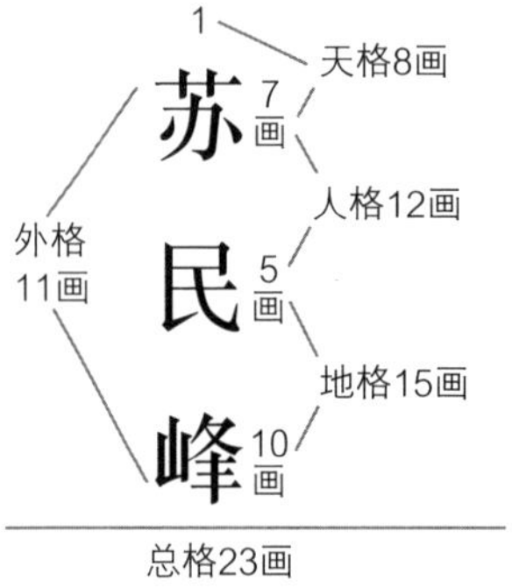

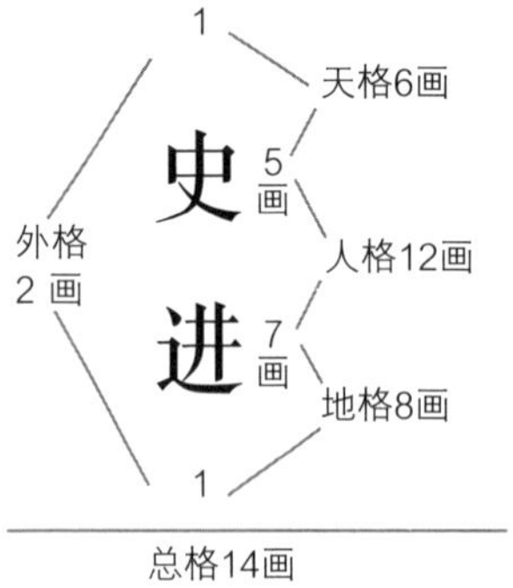

从以上四个格式，各位读者不难发现，熊崎式改名法是每个名字皆以四个字为准则，所以二字姓名、三字姓名，必须在姓之上或名之下加上一画以组成四个字，从而形成天格、地格、人格、总格、外格。但这样又会出现另一个问题——如果姓氏是由三个字、四个字组成，又怎样计算呢？就算不考虑这点，以中国北方的改名习惯，他们改名时多取单字，这样会形成外格一定是二画。但根据此姓名学之法则，二画为破灭、短寿之数，又外格为副运、家运、社会关系，那是否表示取单字名字的人之家运都不好呢？又名分四字，主要是配合日本人的名字大多由四个字组成。所以，当我为中国人取名字时，都不会遵从上列方法，例子见下页。

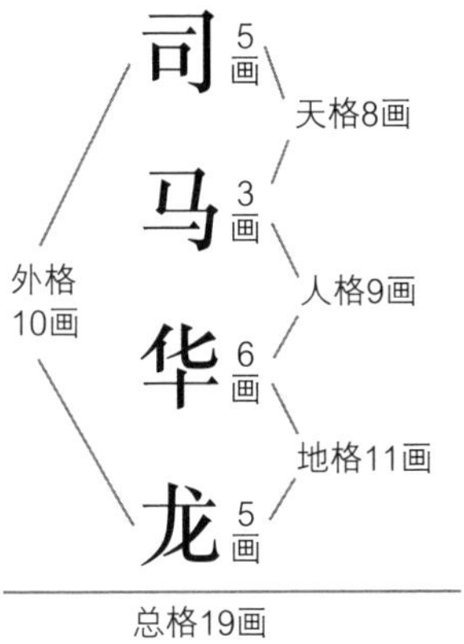

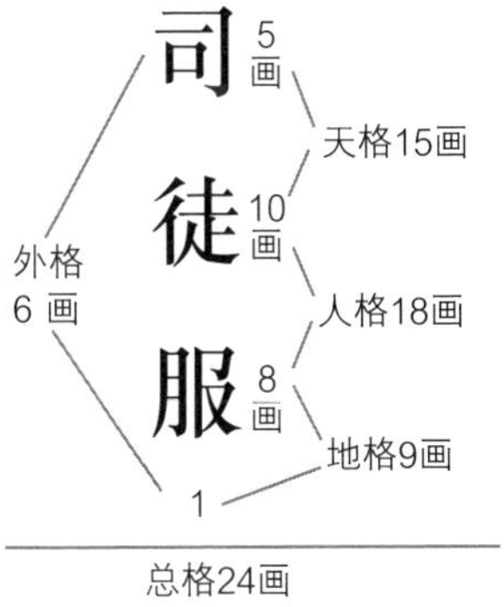

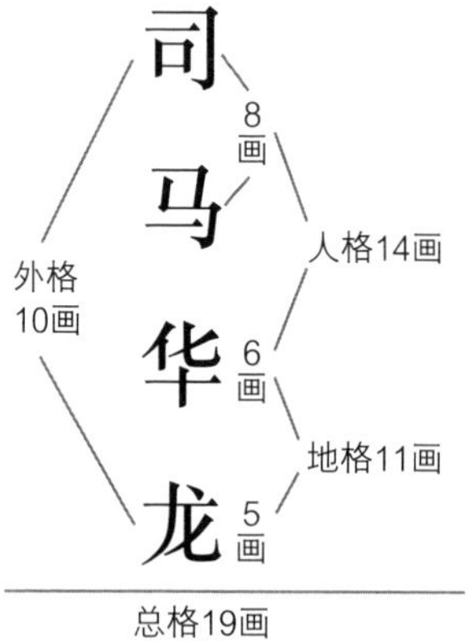
司
马
华
龙
8画
6画
5画
外格10画
人格14画
地格11画
总格19画

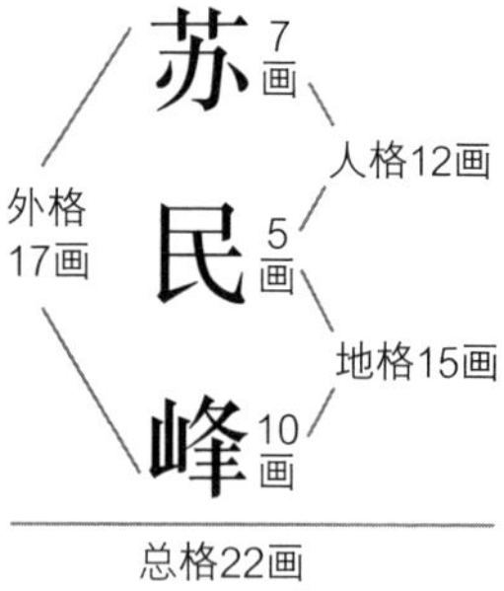
苏
民
峰
7画
5画
10画
外格17画
人格12画
地格15画
总格22画

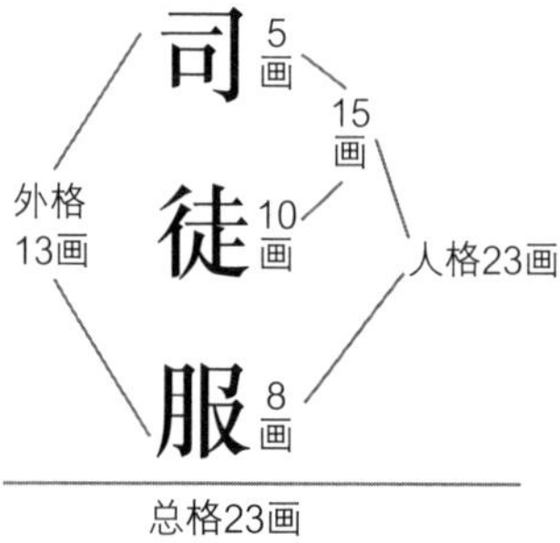
司
徒
服
5画
10画
8画
15画
外格13画
人格23画
总格23画

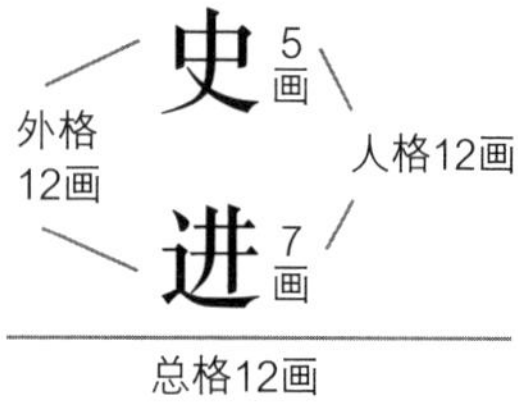
史
进
5画
7画
外格12画
人格12画
总格12画

五格代表

天格

为姓之组合，吉凶并无意义。

人格

为姓名学之中心点，用以判断人一生的吉凶好坏。如人格吉，则他格即使不佳，大体仍以吉论；但人格凶，则即使他格配合适宜，亦无所用。

人格画数吉凶判断

——人格有一画之尾数

人格有十一、二十一、三十一、四十一等数，代表其人个性沉着，重理智，守信用。虽然外表温和，但内里决断，具有百折不挠之精神。若他格无不利之配置，事业必能出人头地，婚姻亦多美满，惟桃花较重、人较贪财。

二——人格有二画之尾数

人格有二、十二、二十二、三十二、四十二等数，在个性方面较为固执，不但贪财好色，而且妒忌心较重。惟其人具有不屈之精神，故只要加强克己之力，自能达致成功。

三——人格有三画之尾数

人格有三、十三、二十三、三十三、四十三等数，为人感情丰富，热情奔放，富动感，有活力，有才情，手腕灵活，但爱好权势，亦缺乏忍耐力，所以要严加克己。

四——人格有四画之尾数

人格有四、十四、二十四、三十四、四十四等数，个性较为沉默寡言，但内心浮躁，喜作意气之争。其人虽然机智、善变通、有口才，惟好口舌之争，常常因小失大，树敌亦多，以致易遭灾害，而且家缘薄、人缘差。只有二十四画为吉数，具机智谋略，能成大事。

五——人格有五画之尾数

人格有五、十五、二十五、三十五、四十五等数，其人外冷内热，心地善良，有人情味，富同情心，性格坚强，处事踏实，易得长上贵人扶助，亦受下属之敬爱。惟其人感情善变，既易与人接近，亦易与人疏远，忽冷忽热。另外，此局易得人缘，受人尊敬，同时亦易招人妒忌。

六——人格有六画之尾数

人格有六、十六、二十六、三十六、四十六等数，表面温纯，内里刚强，但大多为怪异之数，尤以二十六画为甚，必须得他格配合才能提升运气，减低凶险，达致成功。

七——人格有七画之尾数

人格有七、十七、二十七、三十七、四十七等数，格局不大，难得人认同，适宜从事个人工作，以发挥坚忍意志。另外，其人缺乏领导才能，却喜爱权势、爱出风头。

八——人格有八画之尾数

人格有八、十八、二十八、三十八、四十八等数，性格刚毅，不善变通，顽固，难与人和睦相处。由于其人言词不善，得罪人而不自知，以致招来厄难，宜在个人修养上多下点工夫。女性有此数，则难与夫和洽相处，尤以二十八画最差。

九——人格有九画之尾数

人格有九、十九、二十九、三十九、四十九等数，生性好动，难有一刻安静。其人虽有智谋，但为人放纵，任意行事，行为荒诞，要有一番成就，非要在个性修养上下一点苦功不可。

十——人格有十画之尾数

人格有十、二十、三十、四十、五十等数，有不动之象，如井水、湖水，静而待用。其人才智虽强，但无处发挥，惟一旦时机来临，必如水出大海，波澜万象，任意发挥。

地格

地格为前运，为上半生之运气。如与人格配合得宜，则早登云路；如配合不宜，则互相牵制。同时，地格亦作判断下属晚辈有否助力之格。

总格

总格为判断后运、中晚年之格。如配合得宜，对早运亦有一定的帮助；如配合不佳，则晚运难免崎岖难行，凄凉零落。

外格

外格为副运，主外在及家族之助力。如外格配合得宜，一生易得外力之助，做事事半功倍。即使人格不佳，亦可发挥很大的补助作用。如人格与外格俱佳，而其它两格配合稍差，亦无影响。但如人格、外格皆为凶，则其它两格亦难起扶助之用。

三才

三才之法将天格、人格、地格画分成木、火、土、金、水五行。如三格五行相生或相同，一般为吉，但如遇相克则为凶。然而它们之间亦不能过旺，如出现天、地、人三格皆木、皆火、皆土、皆金、皆水，便为过旺。

注：只供参考，因本人改名之时亦不用此法。中国的姓名学侧重每字的五音之五行，惟这个三才法乃由日本人所创，由于其对字音五行并不认识，故才另定五行。

画数五行阴阳表

一数属阳木，三数属阳火，五数属阳土，七数属阳金，九数属阳水。

二数属阴木，四数属阴火，六数属阴土，八数属阴金，十数属阴水。

注：这个五行算法亦可不需理会。

三才吉凶配置表

木木木——吉——意志坚强
木木火——吉——天资机敏
木木土——吉——坚持忍耐
木木金——凶——气管问题
木木水——凶——放荡无制
木火木——吉——上下和睦
木火火——吉——坚忍成功
木火土——吉——长上扶助
木火金——凶——皮肤特差
木火水——凶——急变难成

木土木——凶——胃肠不佳
木土火——吉——人缘甚佳
木土土——吉——刻苦成功
木土金——平——用力可成
水土水——凶——有志难伸
木金木——凶——心神劳累
木金火——凶——欠成功运
木金土——凶——肝胃不佳
木金金——凶——性情顽固
木金水——凶——一生多变

木水木——吉——吉凶分明
木水火——凶——功难长久
木水土——凶——多变多难
木水金——凶——注意脑部
木水水——平——必定稳步

火木木——吉——勤俭得财
火木火——吉——稳定发展
火木土——吉——进取心强
火木金——凶——成功多变
火木水——凶——聪明反误

火火木——吉——一帆风顺
火火火——平——注意心血
火火土——吉——可望成功
火火金——凶——身心过劳
火火水——凶——防脑溢血

火土木——凶——腹疾宜防
火土火——吉——长辈提拔
火土土——吉——福寿绵长
火土金——吉——平安度日
火土水——凶——易得易失

火金木——凶——呼吸受损
火金火——凶——肺部不调
火金土——凶——身心过劳
火金金——凶——肺骨不佳
火金水——凶——防脑冲血

火水木——凶——不测之灾
火水火——凶——自杀之忧
火水土——凶——有志难伸
火水金——凶——多灾多难
火水水——凶——难望成功

土木木——平——苦恼繁多
土木火——平——身心多窘
土木土——凶——神经衰弱
土木金——凶——呼吸不调
土木水——凶——流离失所

土火木——吉——平安福寿
土火火——吉——忍让成功
土火土——吉——一飞冲天
土火金——凶——身心劳累
土火水——凶——易发易丧

土土木——凶——肠疾宜防
土土火——吉——幸福长寿
土土土——平——可望成功
土土金——吉——身心康泰
土土水——凶——根基不稳

土金木——凶——提防脑疾
土金火——凶——晚境不佳
土金土——吉——境遇安泰
土金金——吉——名利双收
土金水——吉——成功可期

土水木——凶——徒劳无功
土水火——凶——多生祸乱
土水土——凶——怀才不遇
土水金——凶——不满现状
土水水——凶——有志难伸

金木木——凶——神经不调
金木火——凶——半途而废
金木土——凶——与人不睦
金木金——凶——势孤力弱
金木水——凶——早运不佳

金火木——凶——肺经不调

金火火——凶——头肺不佳

金火土——凶——情绪不定

金火金——凶——身心劳累

金火水——凶——孤立无援

金土木——凶——肝胃不调

金土火——吉——有名有利

金土土——吉——名利两全

金土金——吉——贵人扶助

金土水——凶——肾部不佳

金金木——凶——易见损伤

金金火——凶——身心过劳

金金土——吉——和气生财

金金金——平——口舌相争

金金水——平——性情顽固

金水木——凶——家庭不睦

金水火——凶——脚踏虚浮

金水土——凶——郁闷难成

金水金——吉——长上提携

金水水——平——一生飘流

水木木——吉——身心康泰

水木火——凶——上下交战

水木土——平——劳而有功

水木金——凶——肝胆不佳

水木水——凶——水旺木浮

水火木——凶——木助火炎

水火火——凶——水火不济

水火土——凶——快上快落

水火金——凶——身心劳损

水火水——凶——水火交战

水土木——凶——胃部不佳

水土火——凶——家庭不睦

水土土——吉——稳重平安

水土金——平——中年安定

水土水——凶——事多阻滞

水金木——凶——易有损伤

水金火——凶——肺部不调

水金土——吉——平稳向上

水金金——吉——发展迅速

水金水——凶——财色招灾

水水木——凶——性情放荡
水水火——凶——变化不定
水水土——凶——变化不定
水水金——凶——自专心强
水水水——凶——体弱短寿

此外还有人格与外格之配合吉凶。

人格	**外格**		
木	木	吉	言少行多
木	火	平	只为副手
木	土	吉	磨练成材
木	金	吉	谦让有礼
木	水	凶	好出风头

人格	**外格**		
火	木	平	异性之助
火	火	凶	无忍耐力
火	土	吉	为人诚实
火	金	凶	言词不慎
火	水	凶	水火不调

人格	外格	吉凶	
土	木	平	平稳无忧
土	火	吉	异性相助
土	土	吉	坚忍成功
土	金	凶	徒劳无功
土	水	凶	易得罪人

人格	外格	吉凶	
金	木	凶	不敬双亲
金	火	凶	任性妄为
金	土	吉	坚忍不屈
金	金	凶	酒色迷心
金	水	凶	财色所累

人格	外格	吉凶	
水	木	吉	言行一致
水	火	吉	利他人心
水	土	吉	谨慎成功
水	金	吉	口才特佳
水	水	凶	忧郁内向

阴阳

除三才、人格及外格要配合得宜外，还需注意阴阳的配合。

一、三、五、七、九画为阳。

二、四、六、八、〇画为阴。

注：只供参考，可以不必配合。

吉配

两个字之名字——阴阳，阳阴。

三个字之名字——阴阴阳，阴阳阳，阳阴阴，阳阳阴。

四个字之名字——阳阴阳阳，阳阴阳阴，阴阳阴阳，阳阳阴阳，阴阴阳阴，阳阳阴阴，阴阴阳阳。

凶配

三个字之名字——阳阴阳，阴阳阴。

四个字之名字——阴阳阳阴，阳阴阴阳。

大吉大凶、大上大落之数

两个字之名字——阳阳，阴阴。

三个字之名字——阳阳阳，阴阴阴。

四个字之名字——阳阳阳阳，阴阴阴阴。

八十一画

灵动理数

每个名字的五格均要配合画数之灵动吉凶。八十一画灵动理数是由「○、一、二、三、四、五、六、七、八、九」所组成，而万物之生皆无穷尽，正所谓一生二，二生三，三生万物是玄关。三三不尽而成九，九九为八十一之数，八十为数之尽头，而八十一是为一之再开始。

一画：吉——天地开泰

天地初开，万物生长之象，为大吉祥，健康福寿之数。

二画：凶——浑沌模糊

浑沌不清，三才不定，阴阳未分，进退失据，无独立之气魄，摇摆不定，一生难有所成。

三画：吉——阴阳初分

阴阳初分，万物成形，为成就之象。其人有创造力，福寿绵长，能成大事，有领导才能。

四画：凶——五行未立

阴阳已定，但五行未分，有不完整之象，主体弱多病、夭折、死变、狂乱、破灭，为大凶之数。其中亦有孝子、节妇、怪杰等出自此数。

五画：吉——五行初定

五行已定，万物分明，温和敏捷，身健体佳，能得长上提携，或复兴家业，或异地功成，其人乐善好施，心地仁慈。

六画：吉——天复地载

为人重理智、守信用，家庭和顺，作事有序，如得时运配合，能成大事；即使他运不配，亦不致一败涂地。

七画：吉——万物跃动

性情刚直，独立独行，但有时性情刚暴，行事过急，宜多加注意修养。女性有此数者，易为女强人，但每难容于男性社会，故宜假装温柔，使两性平衡，以得鱼水之欢。

八画：吉——动而有力

意志坚定，奋发功成，做事贯彻始终，勇往直前，以达成功之果。如配合不善，则体弱多病。得此数者，女性早婚不利，子缘不佳。

九画：凶——阳极难继

凡事不可去尽，因至九之数，其气已尽，乃万物皆减之象，主困苦、病弱。男性一生怀才不遇，潦倒不堪，忌车怕水；女性姻缘不定，主外遇、守寡、短寿。主运有此数者更凶。但偶有怪杰、富豪亦出于此数。

十画：凶——暗淡无光

万物至终结之时，草木不生，其数更甚于九，代表前途黯淡，难见光明，主自杀、凶死。至于女性，则爱情生活黯淡，或短寿，或丧夫，一生难得幸福。

十一画：吉——绝处逢生

万物无死绝之象，自有退避，然死绝以后再酝酿重生，如枯草逢春，万物有更新之象，主一生循序渐进，自得成功。此为成就之数，然不宜早婚，又为养子之数。

十二画：凶——阳气未足

万物初生，阳气未足，其气柔弱，一遇狂风，即崩分离折，难达圆满之境。此亦主缘薄，孤独，自制力弱，难以冲破困难，为短寿之数。宜安分守己，切勿任意妄为。

十三画：吉——光明已现

博学多才，文武双全，仁厚稳重，操守廉正，能成大事，为富贵之数，亦易为养子之数。

十四画：凶——阴气相侵

物坏之象，家属缘薄，妻子不全，孤独，离散，体弱短寿，如他运配合，望能平稳度过。

十五画：吉——否极泰来

妻财子禄、富贵福寿全之格。其人学识渊博，得长上提携，能成就大事业。此人善祥有德，乃昌隆之数。

十六画：吉——乘时而起

克己助人，德量厚，包容力强，推己及人，能获众望，逢凶化吉。

十七画：吉——择善而行

性情刚烈，正直不阿，但难容于人，易与人发生冲突。惟其人意志坚定，能排除万难，达致成功。女性有此数则难免过刚，虽能成为女强人，但亦宜修养女德，使姻缘愈趋融和。

十八画：吉——光前裕后

威望有势，有志竟成，意志坚忍，能排除障碍，克服困难而达致成功。惟性刚坚，宜多加个人修养，以得人和，远离是非。女性能助旺夫运。

十九画：凶——徘徊不定

其数至九，气将尽而未尽，属大凶之数。其人少年运差，家缘薄，一生难得成功，每遇障碍挫折。即使有幸能获一时之成功，终亦难以持久。此乃妻子不全，短寿之数。与九画同。

二十画：凶——气数已尽

其数比十九画更凶，为破裂之数，一生多劫，幼失扶持，刑妻克子，短寿。女性得此数者，则在婚姻上每遇挫折，或重婚，或夫有外遇，或守寡。

二十一画：吉——一阳复来

一阳复至，万象更新，乃先困苦而后成之数。为人乐观，稳重而踏实，终能迈向成功，为首领之数。女性秀丽清雅，但有妻夺夫权之象，宜嫁老夫或少夫，婚姻可得安稳，为女强人之数。

二十二画：凶——阴阳相争

阳气方至而未定，为反复之数，主怀才不遇，忧郁疑虑，心意不定，常陷逆境，甚至有牢狱之灾，身世孤零，有子亦不孝。女性则性生活凌乱，常有三角关系，最终成悲剧收场。

二十三画：吉——阳气渐壮

旭日东升之象，纵出身寒微，亦能力争向上，达致圆满之境。其人活泼、好动，有驾驭一切困难之能力，处事明敏果断，能成大业。女性如有此数，与二十一画相同，为免闺房冷清，宜迟婚及配老夫或少夫。

二十四画：吉——旅中兴

路途崎岖，但能得天时、地利、人和。凭借个人的才智谋略及创新发明，可白手成家，老而荣昌，而子孙亦能承继其余福。另外，女性亦多才多能，能旺夫、帮夫。

二十五画：吉——资性敏锐

资性敏锐，才能出众，虽得天时地利，但欠人和，惟此亦为能得大成就之数，然而性情较偏。其人言词尖锐，或有怪癖，宜加以修养，以达完美之境。女性才气焕发，富人情味，感情丰富。

二十六画：凶——怪杰之数

一生需经历无数困难，为怪异英雄之数。其人赋性聪颖，有侠义精神，但遭时势不顺，有志难伸。如能坚持意志，突破困难，亦能成一代枭雄。男女有此数皆宜晚婚，又此数易有舟车之险。

二十七画：凶带吉——不蔓不枝

吉凶成败不定，宜一心一意向一条路发展，才容易成功。此数忌少年得志，因最后必然失败收场。其人有时会因自尊心过强，而变得孤苦无助。若能自省其身，矫正弱点，待人温和，处事公正，中年后亦能有一番成就。如不修养，则中年过后之运势会逐渐减弱，终致失败。女性如得此数，主刚强、饶舌、虚荣心重。

二十八画：凶——仰天长叹

灾难之数，主刑妻克子，或一生潦倒。其人有江湖豪气，每每肆无忌惮，常把自己陷于波澜变动之境，除非八字特佳，方免此苦。此数不论男女皆见异思迁，子女不孝，为大凶之数。

二十九画：吉——龙游大海

如鱼得水，龙游大海，际遇非凡，聪明卓越，平步青云，如龙乘云雾，有上腾之势。惟此格有双妻之象。如女性有此数者，则易流于男性化。

三十画：吉带凶——死而后生

吉凶未定，阴阳相侵，他格若能配合亦可成功。又此格主妻迟子晚，如早婚则刑伤子嗣，女性有再嫁、守寡之象。

三十一画：吉——志能远达

智勇双全，足踏实地，性情温和，器量宽宏，有坚忍不屈之智，能冲破困难，建立个人声誉，开创前程。女性能助夫兴家，性情和顺，子孙昌隆。

三十二画：吉——坚持意志

一生好运之数，得长上贵人扶持。善掌机会者，大有成功之望，然切记饮水思源，否则终至落败之境。女性有此数，易被情所困。

三十三画：吉——旭日东升

有智谋才略，富贵福寿，乃家门昌隆大吉之数。其人勇敢果断，任何艰难困苦都能突破，但中年以后恐有官非牢狱之灾，宜坚定意志，勿任意妄为。又此数非常人之数，一般人不宜使用。女性有此数者明敏果断，能得成就，惟一生较为孤独。

三十四画：凶——马失前蹄

凶气相侵，大凶之数。得此格者，体弱多病，贫夭，做事常常违背良心。当凶煞一到，凶事自然接踵而来——丧偶、损子、刑伤、破家。

三十五画：吉——润屋富身

温和仁厚，量度大，有文学艺术修养，可得名利。惟男性过于内向，以保守为上；女性则贤良淑德，持家有道。

三十六画：凶——无风起浪

波浪浮沉不定之数，一生无处着力。纵有一时侥幸，亦困难重重，难得安稳。虽有侠义之心，但体弱，短寿，易有舟车之险，忌水。

三十七画：吉——慈心有德

热诚仁厚，有威望，独立独行，能为他人设想，所以人缘佳而晚境昌隆。女性如得此格，主温厚清润，为幸福之数。

三十八画：吉带凶——坚心事成

平凡之数，难望有大成就。其人意志薄弱，稍遇挫折便退缩，无法贯彻始终，为文人艺术之数。惟只要坚持信念，自能达致成功。

三十九画：吉——富贵荣昌

云开日现，波静风平。虽然少年时困难稍多，但中年以后只要突破困难，自能迈向成功之境，达致富贵荣昌。此格乃权倾天下之数，然大贵之人命中必藏凶祸，又二十岁前后易有灾厄。如妇女有此数，则难免过刚。

四十画：凶——进退失据

人才出众，有才智胆量，然性情骄傲，乏人情味，失人和，易受人攻击，加上好投机冒险，终致失败收场。女性如得此格，主其人顽固而意志力薄弱，恶疾相缠。

四十一画：吉——德高望重

才智过人，有胆识、善谋略，前程光辉，能成大业，官运亦佳。女性得此格者，主优雅、温柔而诚恳，有成人之美，能助夫兴家，乃吉祥之数。

四十二画：吉带凶——多学少成

此数聪明，多才多艺，然多学少成，终致一事无成。其人感情丰富而意志薄弱，且多愁善感，故宜坚定目标，专心一致，向一条路发展，才有成功之望。否则中年大败，晚年孤苦，又大发明家多有此数。女性得此格者，少乐多愁，性情不定。

四十三画：吉带凶——表面风光

外表风光，内里忧愁，如家庭破落，只剩外表。人虽有才能，但好权术，即使能得一时之成功，最终亦因失信于人而招致失败。如能脚踏实地，扎稳根基，充实自我，亦可能有成功之象。女性有此数者，性情孤独，感情不定。

四十四画：凶——秋草逢霜

倾家荡产，大凶之数。即使才高八斗，学富五车，亦难逃厄运，难望有所成。且此数有狂乱之厄，故不出世之怪杰、伟人、烈士、孝子、节妇等常出于此数。

四十五画：吉——帆遇顺风

一帆风顺，经纶深，有谋略，智勇双全，能创大业，为成功之数。女性有此数者，亦能旺夫益子，家室兴隆。

四十六画：凶——大海捞针

大海捞针，一事无成，意志薄弱，即使出生富裕，最终亦变成败家子，误入歧途，招致牢狱之灾。宜坚其意志，修身立德，望能于灾难过后，达致成功。女性得此数者，易落风尘，短寿。

四十七画：吉——种瓜得瓜

贵人相顾，衣食丰足，生活自由自在，虽不是大富之格，但优游一生，子孙昌隆。

四十八画：吉——种豆得豆

一分耕耘，一分收获，有才干，有德望，功名显达，富贵可期。女性贤良助夫，能得富贵。

四十九画：凶——吉凶参半

遇吉则吉，遇凶则凶，必须他格配合，方免凶祸，否则一生潦倒，时运不至，妻子不至。女性有再嫁、守寡、克夫、克子之象。

五十画：吉带凶——成败兴替

瞬间成功，转眼即败，故成功之时，勿忘退守，否则家破人亡，财散人离。女性爱奢华、爱美，宜多自重，多加约束自己。

五十一画：吉带凶——得失难料

盛衰交加之数。得此格者，每是少年得志，早发早丧，晚年零落，所以成功之时勿忘退守。倘能持盈保泰，自可保晚年之运势。

五十二画：吉——鲤跃龙门

鲤跃龙门，身价百倍，得此数者，为人能得先机，有先见之明，有回天之手段，能得大财，此乃一心一意达致成功，名利双收之数。女性如得此数，主富贵清润，夫荣子贵。

五十三画：吉带凶——半吉半凶

时而吉，时而凶，表面风光，内心痛苦，前半生富贵，后半生潦倒困苦。女性难得好姻缘，有再嫁、守寡之象，宜晚婚，欠子媳。

五十四画：凶——多灾多难

少乐多愁，大凶之数，有牢狱之灾，此乃倾家荡产或伤残之数。

五十五画：吉带凶——阳极阴生

五为大吉之数，但五五相并，盛极则衰，代表外表昌隆，内里为衰，其势不再，难以为继，为吉凶迭至之数。得此数者，必须有百折不屈之精神、意志，方可于晚年冲破厄运，否极泰来。

五十六画：凶——日落西山

事与愿违，遇事退缩，缺乏勇气，欠忍耐，意志薄弱，无成功之条件，乃短寿、自杀、凶死之数。

五十七画：吉带凶——寒梅傲雪

寒梅耐雪，性情坚刚，有魄力。命中虽有挫折，但终能冲破厄运，达致成功，晚运昌隆。女性中年多灾，晚年安乐。

五十八画：吉带凶——先苦后甜

少年劳碌，或离祖破家，尤幸风浪过后，可享太平，但需有耐心，才能突破困难，迈向成功。女性得此数者，主先苦后甜，但聪明和善。

五十九画：凶——无才无勇

意志薄弱，自信不足，无才无勇，宜脚踏实地，安于本分。

六十画：凶——昏暗不定

前途暗淡无光，意志摇摆不定。做事出尔反尔，目标难定，岂能成功？最后难免困苦多病，一事无成。

六十一画：吉带凶——内外不和

喜中有忧，内外不和，兄弟相斗，妻子不全，宜多加注意修养，否则难以齐家。

六十二画：凶——吉难远达

事业难以开展，烦闷苦恼，忧心忡忡，常有灾厄，病弱短寿，乃难得幸福之数。

六十三画：吉——显达荣昌

阳回大地，其气渐壮，能化育万物，一切向上。得此数者，富贵有余，良善有德，子孙绵绵，长寿健康。另外，此局主女性温柔且贤良淑德。

六十四画：凶——流离失所

性情刚暴，难容于物，待人处事难得人和，一生常有灾难，终生不幸，徒劳无功，苦命短寿，乃多灾多厄之数。

六十五画：吉——福寿绵长

富贵荣昌，事事如意，能享盛名，长寿，身心康泰。女性得此数者，温柔、仁厚、有量度。

六十六画：凶——进退维艰

人缘不佳，难与人共事，行事缺乏信用，内外不和，乃一生难有幸福之数。心地善良者，稍有晚福，否则体弱短寿。

六十七画：吉——通天达地

自主独行之数，主其人能干大事，功名事遂，家道荣昌。女性得此数者，贤慧且持家有道。

六十八画：吉——创业兴家

思虑周详，能断是非，有决断之才，有回天之力。其人意志坚定，坚守信用，能使家业中兴，有发明之才华，能获众望。

六十九画：凶——常陷逆境

不安之数，常陷逆境，难突破困难。此格主病弱、挫折、失意、精神状态不佳、非业、短寿。

七十画：凶——物我俱亡

内心空虚，忧寂常临，一生事难如意，残疾，属体弱之数。

七十一画：吉带凶——一生随缘

生性懒惰，做事无耐性，难成大业。宜奋发精神，晚年可享。

七十二画：吉带凶——缘生缘灭

先苦后甜，得而复失，甘苦相替。得此数者，前半生幸福，后半生凄苦，乃表面风光内里愁，几许不足在心头之数。

七十三画：吉——持盈保泰

持盈保泰，知足常乐，静寂安逸。此数虽无大气象、大成就，但生活平静，能享现成之福气。

七十四画：凶——回天乏力

逆运之数，回天乏力，主坐食山崩，无能无勇，难成大事，一生孤苦潦倒。

七十五画：吉带凶——守静为贵

无大志谋、大能力，一生宜静守，不宜轻举妄动。如能安分守己，可保一世平安，晚境清闲。

七十六画：凶——物之将败

虽出生富贵，但家道中落，信誉、地位日降，终致家破人亡，骨肉分离。

七十七画：吉带凶——吉凶不齐

乃前吉后凶或后吉前凶之数。如出身寒微，中年以后可创一番事业，晚年康泰；如出生富贵，会渐渐孤穷，财散人离。

七十八画：吉带凶——运程不继

如中年以前成功，则运程不继，晚境凄凉；如中年以后成功，则功名可维持至晚年。

七十九画：凶——志识愚蒙

无才能，无决心，前途黯淡，志识愚蒙，不知进退，难成大事。得此数者，纵能一时开花结果，亦属成就不大之数。

八十画：吉带凶——事多挫志

一生体弱多病，纵有才华亦难以实践。如能及早向善，积德修心，可保安稳，衣食丰足。

八十一画：吉——万象归元

八十一画为还原之数，主富贵福寿，名扬四海，为大吉之数。

注：以上之八十一画灵动理数，虽为姓名学之主要依据，但姓名学其实只是其中一项参考而已。故此，如发现姓名画数不理想时，切勿耿耿于怀。事实上，中国人所强调的「一命，二运，三风水，四积阴德，五读书」才是至理名言。也就是说，命运占七成，其它如风水、积德、学识亦有三成之力，故宜多加修养，行善积德。只要再配以个人的学识和环境布局，必能跨过逆境，迈向成功。如果以为取得一个好名字，便不用努力工作，有一番成就，就等如痴人说梦。所以归根究柢，最重要的，还是人的因素。

特别画数

一、好色之数

十七、二十三、二十六、二十七、三十三、四十三、五十二，凡有此数，不论男女，皆有好色之患。

二、和合之数

十五、十九、二十四、二十五、二十六、二十八、三十二，凡有此数，不论男女，皆对爱人照顾有加，感情亦佳。

三、凌夫之数

二十一、二十三、三十三，凡有此数，皆主妻夺夫权，有凌夫之象。如不能配老夫或少夫，则易成寡妇。

四、分离之数

九、十、十七、十九、二十、二十一、二十三、二十六、二十七、二十八、二十九、三十、三十四、四十二、四十三，凡有此数，均难与配偶白头偕老，以迟婚、硬配为佳。

五、祖荫之数

三、五、六、十一、十三、十五、十六、二十四、三十一、三十二、三十五，凡有此数者，易得祖荫，否则亦能渐渐兴家。

六、财富之数

十五、十六、二十四、三十二、三十三、四十一、五十二，凡有此数，可白手成家，财富亨通。

七、破坏之数

二十、二十八、三十六、四十、五十，凡有此数者，品格不良，行为不检，破坏心强。

八、养子之数

十一、十三、三十九、四十一，凡有此数者，多为过房、庶出或为人养子。

九、孤独之数

四、十、十二、十四、二十二、二十八、三十四，凡有此数者，不是性情孤僻，便是中年以后陷于孤独。

十、刑劫之数

二十七、二十八，凡有此数者，易有官非牢狱之灾。

十一、艺术之数

十三、十四、二十六、二十九、三十三，凡有此数者，富艺术才华，有幻想创作之能。

十二、短命之数

四、九、十、十九、二十、三十四、四十四，凡有此数，易有凶劫临身，陷于不幸，宜积德修身，以避凶祸。

生肖和姓氏

生肖与改名之关系

十二生肖与姓名不宜有相冲、相刑、相害之字，如鼠为子，子与午冲、卯刑、未害，所以名字不宜包含以上的字，如羊字有未、柳字有卯、牢字有牛等。

肖鼠——与马相冲，兔相刑，羊相害，马即午，兔即卯，羊即未，所以名内不宜有带午、卯、未之字。

肖牛——与羊相冲，狗相刑，马相害，即未、戌、午三字，所以名内不宜有此三字。

肖虎——与猴相冲，蛇相刑、相害，即申、巳二字，所以肖虎者改名时不宜有此二字。

肖兔——与鸡相冲，鼠相刑，龙相害，即酉、子、辰三字不宜在名字之内。

肖龙——与狗相冲，龙相刑，兔相害，即戌、辰、卯三字不宜在名字之内。

肖蛇——与猪相冲，虎、猴相刑，即亥、寅、申三字不宜在名字之内。

肖马——与鼠相冲，马相刑，牛相害，即子、午、丑三字不宜在名字之内。

肖羊——与牛相冲，狗相刑，鼠相害，即丑、戌、子三字不宜在名字之内。

肖猴——与虎相冲，蛇相刑，猪相害，即寅、巳、亥三字不宜在名字之内。
肖鸡——与兔相冲，鸡相刑，狗相害，即卯、酉、戌三字不宜在名字之内。
肖狗——与龙相冲，牛、羊相刑，鸡相害，即辰、丑、未、酉四字不宜在名字之内。
肖猪——与蛇相冲，猪相刑，猴相害，即巳、亥、申三字不宜在名字之内。

字例：

鼠（子）——李、孟、子、享、厚、猛、郭
牛（丑）——纽、钮
虎（寅）——演、寅
兔（卯）——柳
龙（辰）——宸、晨、振
蛇（巳）——巷、港、巽
马（午）——牢、许、牵、荦

羊（未）——耕、妹

猴（申）——伸、申、绅

鸡（酉）——醒、配

狗（戌）——茂、戌、成、戊

猪（亥）——孩、亥

姓氏与改名之关系

姓氏与改名之关系和十二生肖与改名之关系大致相同，皆不宜出现与姓氏有相冲、相刑、相害之字。例如：

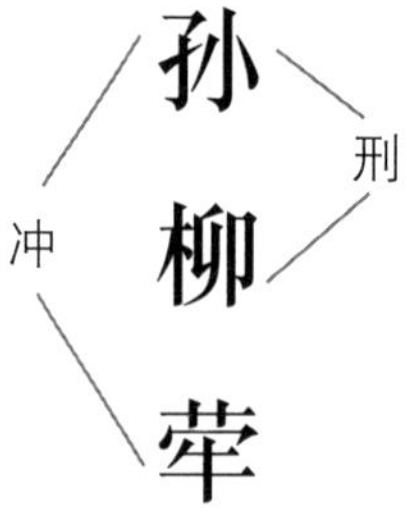

出现子卯相刑、子午相冲之象。

李 许 晨

子午相冲（李、许）

子辰相合（许、晨）

酉 醒 林

酉酉相刑（酉、醒）

金木相克（醒、林）

许 子 杨

子午相冲（许、子）

易有相冲、相刑、相害之姓氏

子部——孙、李、孔、孟、郭、游等姓氏，遇马、兔、鸡之流年宜多加注意。

丑部——狃、牛、钮、牟等姓氏，遇羊、狗、马之年宜多加注意。

寅部——寅即虎，虢等姓氏，遇猴、蛇之年宜多加注意。

卯部——柳、仰等姓氏，遇鸡、鼠、龙之年宜多加注意。

辰部——辰即龙、农、龚、庞、[illegible]等姓氏，遇狗、龙、兔之年宜多加注意。

巳部——把、鮑、包、巴、扈、范等姓氏，遇猪、虎、猴之年宜多加注意。
午部——马、冯、骆、许、午等姓氏，遇鼠、马、牛之年宜多加注意。
未部——姜、羊、末、未央等姓氏，遇牛、狗、鼠之年宜多加注意。
申部——申、伸等姓氏，遇虎、蛇、猪之年宜多加注意。
酉部——鸡、酉、酒、丑等姓氏，遇兔、鸡、狗之年宜多加注意。
戌部——狄、狃、狐、狗、狼、裴等姓氏，遇龙、牛、羊、鸡之年皆宜注意。
亥部——朱、豚、象等姓氏，遇蛇、猪、猴之年皆宜注意。

改名步驟

由于一般人大多不懂算命，故不宜采用八字改名法，且八字改名法要因应不同时期的需要而改不一样的名字，如学习时期宜用「我生」，以生旺自己的思想，使学习时更加容易吸收；及至年长，宜用「我克」，以增旺自己的财运；到晚年，宜用「生我」，以增加自己的名望及安享晚年。

另外，如女命夫缘弱，欲改一个有助夫运的名字；男命妻财弱，欲改一个助妻财的名字；思想不灵活，欲改一个助思想的名字，如此等等皆要对八字有基础的认识，才能办到，所以一般人只适宜用简易改名法。

苏民峰简易改名法之步骤

一、首先要知道自己属于寒命、热命还是平命：

寒命——生于西历八月八日（立秋）后，三月六日（惊蛰）前，宜改木、火的名字。

热命——生于西历五月六日（立夏）后，八月八日（立秋）前，宜用金、水的名字。

平命——生于西历三月六日（惊蛰）后，五月六日（立夏）以前，由于其时气候温和，故木、火、土、金、水皆可为用，然以金、水之字较佳，所以亦宜金、水之字。

至于属土之字，不属阴（寒）亦不属阳（热），属中性之字，所以大多可选择为用。惟名字如属水，则第二个字最好避免属土，以防土水相克。

二、根据自己之姓氏画数（复姓则计其相加起来的画数）及五行所属，找出第二个字及第三个字所需要的画数，再将所要画数的字都找出来，并加以组合。

三、组合名字时，要留意姓氏与名字的发音，尽量避免出现谐音的情况，以免长大后被人取笑。如名字叫「端庄」、「正直」本无问题，但如姓吴，就会变成吴端庄、吴正直，故要多加注意。

例一：二〇〇二年十二月二十一日出生　姓「何」

十二月二十一日出生属寒命，宜用木、火之字，姓「何」，又「何」字七画属水，故可配合木火、木木、火火、火木等组合，但第二个字应用木而不用火，以免水火相克。

「何」字为七画，宜配合画数如（6、10）；（6、18）；（8、8）；（8、10）；（8、16）；（9、15）；（10、14）；（16、8）等等，宜将以上画数属木火之字抽出，再逐一进行筛选，选出最后五个自己喜欢的名字后，再作决定，如：

男——

何 7 水
考 6 木
庭 10 火

人格13画
地格16画
外格17画
总格23画

何 7 水
旭 6 木
悟 10 木

何 7 水
俊 9 火
毅 15 木

女

何 7 水
卓 8 火
林 8 火

何 7 水
晓 10 木
潆 14 火

人格 17画
地格 24画
外格 21画
总格31画

何 7 水
诰 9 木
德 15 火

何 7 水
凯 8 木
怜 8 火

何 7 水
考 6 木
桐 10 火

何 7 水
倪 10 木
霆 14 火

何 7 水
欣 8 木
欣 8 木

例二：二〇〇二年五月十六日出生　姓「谭」　男

「谭」姓十四画属火，五月十六日出生为热命人，喜金、水。而十四画之姓宜配（4、7）；（4、11）；（4、13）；（4、17）；（7、11）；（10、7）；（10、11）；（10、13）；（10、15）；（10、21）之画数。

其组合如下：

谭（14 火）
文（4 水）
辛（7 金）

人格18画
地格11画
外格21画
总格25画

谭（14 火）
少（4 金）
汶（7 水）

谭（14 火）
诏（7 水）
铭（11 金）

谭（14 火）
浠（10 水）
汶（7 水）

谭（14 火）
缔（10 金）
磐（15 金）

例三：二〇〇三年三月二十四日出生　姓「未央」　男

「未央」姓共十画，三月二十四日出生属平命，木、火、土、金、水皆可为用，然以金、水较佳。「未央」为复姓，共十画，十画之姓宜配（8、13）；（8、15）；（14、7）；（14、15）；（15、6）。

未央 10
綮 14 金
希 7 水
人格 24画
地格 21画
外格 17画
总格31画

未央 10
守 6 金
慧 15 水

未央 10
震 15 金
名 6 水

未央 10
贤 8 金
新 13 金

未央 10
明 8 水

未央 10
辛 7 金

未央 10
亨 7 水

中国百家姓及笔画配对

（依笔画顺序）

以下依笔画数列出中国百家姓。姓氏左下角为所属五行，而左旁的数字则显示了此笔画之姓氏可供配合的名字画数。

一画

乙 土

配合画数

1, 4, 12
1, 4, 20
1, 5,10
1, 5, 12
1, 6, 10
1, 7, 10
1, 7, 16
1, 10, 5
1, 10, 6
1, 10, 7

二画

人 金
儿 木
几 木
卜 水
乜 水
匕 水
丁 火
刁 火
力 火
了 火
刀 火
乃 火

三画

三 金
山 金
士 金
尸 金
夕 金
上 金
小 金
寸 金
于 金
子 金

才 金
习 金

弓 木
己 木
干 木
口 木
乞 木
兀 木
工 木
义 木

广 木

丌 水
下 水
凡 水
马 水
乡 水
万 水
门 水
义 水

大 火

千 火
子 火
弋 火
女 火
之 火

丸 土
么 土
也 土
与 土
卫 土

配合画数

2，4，9
2，4，11
2，4，19
2，6，9
2，6，15
2，14，15
2，14，19
2，14，21
2，16，13
2，16，15
2，16，19

三画（续）

配合画数

3，4，14

3，5，8

3，5，10

3，8，10

3，10，8

3，12，20

3，14，4

3，13，3

四画

氏（金） 少（金） 殳（金） 仇（金） 仉（金） 水（金） 仁（金） 升（金） 仓（金） 双（金）

车（金） 专（金） 市（金） 五（木） 牛（木） 元（木） 戈（木） 亢（木） 今（木） 孔（木）

公（木） 介（木） 勾（木） 午（木） 月（木） 牙（木） 斤（木） 见（木） 计（木） 区（木）

开（木） 艺（木） 水（木） 巨（木） 方（水） 巴（水） 卞（水） 火（水） 不（水） 开（水）

仈（水） 木（水） 户（水） 毋（水） 毛（水） 文（水） 夫（水） 云（水） 仆（水） 化（水）

比 水
贝 水
风 水
丰 水
无 水
云 水
凤 水

天 火
丹 火
中 火

井 火
日 火
太 火
支 火
仍 火
屯 火
丑 火
斗 火
从 火
邓 火

长 火

王 土
尹 土
尤 土
韦 土
乌 土
为 土
以 土

配合画数

4，4，7
4，4，9
4，4，13
4，4，17
4，4，21
4，12，9
4，12，13
4，12，17
4，12，21
4，14，11
4，14，15
4，14，17
4，14，19
4，14，21

五画

四 金
仙 金
史 金
申 金
世 金
生 金
司 金
矢 金
示 金
石 金

主 金
左 金
只 金
且 金
占 金
帅 金
闪 金
刍 金
术 金
圣 金

五画（续）

阡 金
邦 金

古 木
甘 木
可 木
甲 木
卡 木
玉 木
句 木
丘 木
饥 木
业 木
仪 木
归 木
旧 木
邛 木

卯 水
白 水
弁 水
丕 水
包 水
民 水
禾 水
付 水
平 水
皮 水
弘 水
目 水
玄 水
布 水
丙 水
末 水
弗 水
训 水
务 水
冯 水
汉 水
边 水
邗 水
发 水

冉 火
田 火
仝 火
令 火
召 火
正 火
代 火
冬 火
尔 火
奴 火
立 火
扔 火
处 火
鸟 火
台 火
乐 火
历 火
卢 火
龙 火
礼 火
从 火
兰 火
东 火
扔 火
宁 火

永 土
用 土
由 土
右 土
轧 土

叶 土

印 土

艾 土

邝 土

配合画数

5，8，8

5，8，10

5，8，16

5，10，6

5，10，8

5，10，14

5，12，12

六画

西 金　次 金　寺 金　设 金

守 金　字 金　成 金　庄 金

束 金　任 金　忖 金　伤 金

先 金　如 金　池 金　迁 金

夙 金　在 金　冲 金　芊 金

式 金　再 金　库 金　邡 金

色 金　自 金　纡 金　壮 金

死 金　朱 金　孙 金　夸 木

亘 金　亦 金　师 金　吉 木

臣 金　充 金　产 金　伍 木

六画（续）

华 水	伐 水	行 水	机 木	刚 木	光 木	考 木
毕 水	刑 水	百 水	戏 木	许 木	曲 木	共 木
买 水	亥 水	米 水	关 木	讹 木	臼 木	乩 木
会 水	名 水	朴 水	权 木	闫 木	危 木	玕 木
兴 水	牟 水	合 水	观 木	乔 木	江 木	伉 木
迈 水	忙 水	回 水	汲 木	尧 木	汗 木	仵 木
芒 水	向 水	休 水	阮 木	寻 木	纪 木	戎 木
邠 水	汜 水	好 水	阴 木	过 木	军 木	艮 木
邦 水	问 水	伏 水	馯 木	庆 木	轨 木	匡 木
防 水	访 水	后 水	祁 木	巩 木	纥 木	仰 木

配合画数

6，7，11

6，9，9

6，10，5

6，10，7

6，10，13

6，10，15

6，10，19

6，12，17

6，12，21

约 土	因 土	达 火	汝 火	刕 火	郱 水
异 土	衣 土	齐 火	耳 火	列 火	并 水
扬 土	安 土	尘 火	吕 火	吐 火	舌 火
优 土	伊 土	尽 火	伦 火	多 火	老 火
讴 土	羊 土	刘 火	执 火	同 火	年 火
阳 土	宇 土	论 火	众 火	竹 火	全 火
邬 土	有 土	虫 火	汤 火	仲 火	妁 火
延 土	羽 土	争 火	农 火	州 火	舟 火
	夷 土	那 火	当 火	用 火	匠 火
	红 土	邢 火	驰 火	玎 火	吏 火

七画

辛 金
佘 金
伸 金
宋 金
束 金
序 金
私 金
秀 金
坐 金
赤 金

作 金
初 金
余 金
沙 金
忍 金
沈 金
时 金
钊 金
针 金
寿 金

苍 金
迟 金
声 金
识 金
苏 金
社 金
邵 金
芮 金
汿 金

岑 木

吴 木
谷 木
克 木
言 木
灸 木
告 木
改 木
攻 木
坎 木
佉 木

吟 木
杞 木
角 木
我 木
吾 木
求 木
君 木
岐 木
更 木
忌 木

坑 木
汞 木
沃 木
快 木
沂 木
抗 木
忻 木
却 木
呙 木
贡 木

陇 水	芸 水	泛 水	尾 水	每 水	羌 木	库 木
却 水	芳 水	奂 水	罕 水	佛 水	邺 木	启 木
陆 水	邴 水	纷 水	兵 水	刜 水	驱 木	坚 木
佟 火	邯 水	麦 水	妙 水	别 水	谷 木	诎 木
佚 火	芬 水	评 水	何 水	步 水	巫 水	县 木
杜 火	邲 水	闳 水	沐 水	况 水	甫 水	鸡 木
利 火	邶 水	闵 水	扶 水	伯 水	免 水	旷 木
男 火	邳 水	补 水	把 水	系 水	孝 水	严 木
伶 火	花 水	还 水	沛 水	孛 水	杏 水	护 木
妞 火	陉 水	怀 水	希 水	刨 水	坊 水	邱 木

七画（续）

足 火
良 火
里 火
冷 火
吞 火
秃 火
彤 火
但 火
呈 火
佗 火

住 火
牢 火
豆 火
李 火
狄 火
折 火
狃 火
投 火
纽 火
纳 火

冻 火
纸 火
卤 火
连 火
沧 火
条 火
劳 火
苌 火
纶 火
励 火

灵 火
来 火
陀 火
邸 火
邰 火
陈 火
邹 火
张 火
即 火
丽 火

芦 火

酉 土
攸 土
位 土
盱 土
妘 土
完 土
冶 土
杌 土
邑 土

汪 土
沅 土
任 土
轩 土
员 土
犹 土
杨 土
运 土
远 土
妫 土

忧 土
余 土
应 土
姒 土
阿 土
邮 土
芳 土
宆 土

八画

邿 金	试 金	钐 金	昔 金	始 金
郇 金	实 金	参 金	妾 金	松 金
郏 金	枪 金	绍 金	宗 金	青 金
郕 金	驷 金	钏 金	叔 金	臾 金
陕 金	审 金	舍 金	刺 金	所 金
狗 木	线 金	鱼 金	昌 金	姓 金
股 木	钖 金	丧 金	冼 金	承 金
金 木	苫 金	视 金	析 金	耷 金
官 木	若 金	肃 金	盂 金	侁 金
季 木	述 金	诗 金	泄 金	尚 金

配合画数

7，4，14

7，6，10

7，6，18

7，8，8

7，8，10

7，8，16

7，9，15

7，10，8

7，10，14

7，11，6

7，11，14

八画（续）

府 水	昊 水	邽 木	诟 木	庚 木	炅 木	岳 木
虎 水	昏 水	郏 木	诡 木	咎 木	空 木	屈 木
房 水	弦 水	规 木	经 木	欣 木	⿰目乞 木	居 木
呼 水	武 水	矿 木	该 木	具 木	盱 木	京 木
和 水	幸 水	佮 水	驹 木	肩 木	枝 木	佼 木
服 水	命 水	侔 水	岩 木	怪 木	供 木	佳 木
佩 水	忽 水	盂 水	侨 木	性 木	奇 木	果 木
枚 水	非 水	杭 水	建 木	欣 木	其 木	姑 木
奉 水	肣 水	牧 水	郊 木	国 木	昆 木	固 木
帛 水	佫 水	函 水	郁 木	枭 木	宜 木	炔 木

治 火	肬 火	佴 火	苗 水	贤 水	怕 水	爬 水
泥 火	忝 火	林 火	奔 水	范 水	肥 水	秉 水
泠 火	竺 火	周 火	苦 水	学 水	河 水	朋 水
招 火	典 火	卓 火	茀 水	奋 水	狐 水	卑 水
泆 火	佽 火	枕 火	芮 水	凭 水	侠 水	明 水
沮 火	征 火	念 火	部 水	环 水	觅 水	宓 水
苴 火	沓 火	直 火	郈 水	宝 水	备 水	杳 水
侣 火	知 火	帙 火	陌 水	庞 水	黾 水	旴 水
终 火	到 火	卓 火	郤 水	茅 水	饱 水	放 水
枣 火	定 火	咍 火	采 水	苻 水	鸣 水	法 水

八画（续）

单 火
砀 火
质 火
枞 火
侬 火
练 火
轮 火
录 火
弥 火
隶 火

罗 火
炉 火
驺 火
籴 火
者 火
祋 火
郅 火
畅 火
郑 火
郎 火

邪 火
受 火
郁 火

委 土
易 土
依 土
夜 土
衮 土
宛 土
怡 土

欧 土
瓯 土
驿 土
苑 土
英 土
苛 土
耶 土
郓 土

配合画数

8，5，8
8，5，10
8，5，16
8，7，9
8，8，9
8，8，13
8，8，15
8，8，17
8，8，21
8，10，13
8，10，15
8，10，21
8，16，7
8，16，9
8，16，13
8，16，15
8，16，17

九画

食 金
首 金
信 金
俢 金
室 金
昝 金
昨 金
俞 金
侵 金
春 金

钦 木	音 木	癸 木	荀 金	栈 金	秋 金	施 金
贵 木	胤 木	革 木	须 金	诱 金	泉 金	宋 金
钧 木	苟 木	冠 木	竖 金	尝 金	柘 金	是 金
绞 木	拱 木	客 木	神 金	逊 金	星 金	省 金
绛 木	恪 木	禺 木	郗 金	说 金	洗 金	宣 金
贯 木	看 木	姣 木	郝 金	战 金	城 金	查 金
砚 木	洼 木	姞 木	修 金	树 金	胙 金	胥 金
阁 木	朐 木	契 木	草 金	亲 金	洙 金	俟 金
俭 木	宫 木	羿 木	柯 木	钟 金	恤 金	相 金
哙 木	牵 木	祈 木	姜 木	茹 金	钞 金	思 金

九画（续）

种 火	宪 水	恒 水	眉 水	保 水	荚 木	举 木
段 火	显 水	项 水	勃 水	訇 水	钩 木	绕 木
组 火	变 水	复 水	盼 水	飑 水	既 木	蚁 木
柳 火	逄 水	贺 水	扁 水	秏 水	鬼 木	觉 木
南 火	荇 水	贲 水	柏 水	香 水	荒 水	饶 木
斫 火	兹 水	贸 水	咸 水	便 水	厚 水	荆 木
度 火	绘 水	费 水	宧 水	盻 水	哈 水	茙 木
耏 火	邮 水	浑 水	衍 水	侯 水	盆 水	骨 木
染 火	哄 水	闽 水	弭 水	封 水	庞 水	郜 木
弇 火	竖 水	闻 水	玹 水	皇 水	品 水	莒 木

胡 土	威 土	郦 火	祢 火	闾 火	茨 火	亮 火
洪 土	要 土	贰 火	类 火	贱 火	茬 火	昭 火
洂 土	爰 土	郲 火	珑 火	骆 火	将 火	胄 火
恽 土	禹 土	兹 火	览 火	独 火	带 火	垌 火
荣 土	皃 土	绘 火	垣 火	浊 火	钭 火	炭 火
养 土	勇 土	娜 土	毒 火	荡 火	轸 火	重 火
药 土	姶 土	幽 土	娄 火	临 火	统 火	盈 火
钥 土	映 土	哀 土	赵 火	济 火	络 火	柱 火
昼 土	羑 土	姚 土	祝 火	垒 火	钮 火	政 火
郥 土	宥 土	庢 土	祖 火	厘 火	竖 火	洛 火

九画（续）

配合画数

9，6，9

9，6，12

9，6，18

9，7，8

9，7，16

9，8，8

9，8，16

9，12，4

9，12，12

十画

拳 木	恭 木	莘 金	耻 金	徐 金
躬 木	桀 木	柴 金	宰 金	息 金
兼 木	皋 木	造 金	射 金	桑 金
倔 木	格 木	绨 金	悦 金	席 金
虔 木	桂 木	捞 金	珮 金	索 金
奚 木	家 木	钼 金	资 金	乘 金
栩 木	耿 木	耆 木	称 金	素 金
倚 木	原 木	高 木	烛 金	衷 金
涓 木	俱 木	倪 木	玺 金	真 金
姬 木	根 木	起 木	绣 金	酒 金

徒 火	庭 火	获 水	眠 水	顾 木	胶 木	浩 木
凌 火	訋 火	瓶 水	校 水	健 木	桥 木	海 木
晁 火	牬 火	莫 水	桓 水	辱 水	莞 木	娲 木
晋 火	秩 火	逄 水	倗 水	盍 水	郭 木	颂 木
畜 火	唐 火	隽 水	婄 水	候 水	郳 木	贾 木
桃 火	疾 火	鬲 火	浦 水	班 水	卿 木	钳 木
旅 火	蚩 火	栗 火	捕 水	被 水	莽 木	壶 木
党 火	烈 火	秦 火	浮 水	夏 水	蔄 木	监 木
留 火	展 火	明 火	悖 水	秘 水	駻 木	剧 木
涂 火	桐 火	特 火	宾 水	豹 水	[illegible] 木	宽 木

十画（续）

涉 火
能 火
柴 火
狼 火
振 火
脂 火
凉 火
逗 火
载 火
姗 火
准 火
谁 火
谈 火
虑 火
挚 火
谅 火
调 火
谆 火
钱 火
诸 火
诺 火
聂 火
难 火
离 火
铁 火
铎 火
读 火
栾 火
恋 火
荼 火
荻 火
偌 火
莉 火
陶 火
郯 火
通 火
聊 火
郴 火
陵 火
朗 火
莱 火
都 火
顿 火
泰 火
辱 火

敖 土
娥 土
翁 土
盎 土
邕 土
烟 土
袁 土
殷 土
益 土
容 土
恩 土
倭 土
晏 土
壶 土
涡 土
爱 土
盐 土

十二画

畦 木	萧 金	授 金	赦 金	商 金
竟 木	续 金	巢 金	偰 金	崔 金
[illegible] 木	袭 金	蛇 金	雪 金	悪 金
救 木	奢 金	船 金	唱 金	庶 金
圈 木	随 金	庾 金	曹 金	率 金
眼 木	萨 金	铦 金	盛 金	傎 金
皎 木	潚 金	铢 金	捷 金	常 金
寇 木	掇 金	啬 金	清 金	悉 金
梧 木	象 金	绪 金	渔 金	宿 金
假 木	康 木	谕 金	梓 金	崇 金

配合画数

10，5，1

10，5，3

10，5，6

10，5，8

10，6，7

10，6，15

10，8，13

10，8，15

10，14，7

10，14，15

淡 火	萌 水	瓠 水	患 水	渠 木	谏 木	崖 木
接 火	谋 水	猛 水	斛 水	鄂 木	谌 木	眷 木
琅 火	章 火	涬 水	麻 水	隗 木	检 木	猗 木
捷 火	祭 火	虚 水	虑 水	梅 水	矫 木	涯 木
豚 火	啖 火	绵 水	密 水	粕 水	骑 木	移 木
略 火	倰 火	辅 水	毫 水	望 水	骐 木	减 木
鹿 火	捝 火	梦 水	彪 水	曼 水	啮 木	绮 木
聊 火	寂 火	盘 水	符 水	偏 水	龚 木	匮 木
庹 火	聃 火	鸿 水	崩 水	彬 水	菅 木	银 木
堂 火	理 火	浟 水	扈 水	匏 水	阎 木	盖 木

配合画数

11，7，6

11，7，14

11，10，14

11，12，6

11，12，12

11，13，5

11，13，18

11，14，4

11，14，10

11，18，6

谒 土	偃 土	堵 火	营 火	笮 火
阏 土	埜 土	屠 火	骓 火	脱 火
婴 土	圉 土	绫 火	职 火	戚 火
	偶 土	接 火	累 火	第 火
	隐 土	渊 土	衅 火	梁 火
	黄 土	液 土	巢 火	逯 火
	维 土	惟 土	菑 火	偻 火
	铫 土	偓 土	菱 火	辄 火
	揵 土	尉 土	隋 火	琐 火
	谓 土	庸 土	隆 火	敛 火

十二画

喻 金
舒 金
疏 金
散 金
善 金
斯 金
尌 金
絮 金
税 金
甥 金

犀 金
掌 金
渻 金
曾 金
集 金
粟 金
策 金
超 金
智 金
尊 金

寋 金
渫 金
羡 金
赏 金
销 金
赐 金
锐 金
释 金
赎 金
谢 金

堪 木
强 木
辜 木
棘 木
覃 木
雅 木
厥 木
景 木
盏 木
啓 木

筋 木
期 木
湛 木
琴 木
嵇 木
皓 木
然 木
揭 木
蒉 木
谦 木

鹄 木
馈 木
敬 木
葛 木
葵 木
御 木
禽 木
遇 木
雁 木
𫊸 木

董 火	蒇 火	粥 火	貂 火	湾 水	番 水	傍 水
鄗 火	塔 火	揣 火	朝 火	滑 水	富 水	幅 水
鲊 火	落 火	植 火	痛 火	寒 水	惠 水	棓 水
笪 火	遂 火	禄 火	毳 火	提 火	斑 水	跋 水
覃 火	道 火	犇 火	椒 火	就 火	颌 水	普 水
喘 火	鲁 火	蒋 火	蛭 火	童 火	缑 水	彭 水
游 土	紫 火	储 火	督 火	程 火	鲂 水	傅 水
越 土	戢 火	畴 火	敦 火	棠 火	编 水	斐 水
㨨 土	鼎 火	犊 火	豈 火	棣 火	韩 水	雄 水
傜 土	楮 火	铸 火	焦 火	登 火	蛮 水	稀 水

十二画（续）

字	五行	配合画数
遗	土	12，4，9
萬	土	12，4，13
骫	土	12，4，17
温	土	12，4，19
闉	土	12，6，11
瞷	土	12，6，15
莢	土	12，6，17
颖	土	12，6，19
		12，12，9
		12，12，13
		12，12，17

十三画

嗣 金　塞 金　新 金　嵩 金　索 金　蛸 金　鉐 金　榆 金　靖 金　蜀 金

肆 金　慎 金　瑞 金　错 金　雏 金　骞 金　甄 金　慈 金

舅 木　解 木

禁 木　虞 木　蜎 木　莞 木　雉 木　裘 木　靳 木　勤 木　源 木　锜 木

锦 木　颐 木　溪 木　蓟 木　简 木　阙 木　鉴 木　蒿 木　蒯 木　谨 木

楀 土	腾 火	稠 火	粲 火	鄞 水	满 水	魁 木
瑕 土	缠 火	暖 火	零 火	携 水	鲍 水	鄡 木
摇 土	锣 火	睢 火	雒 火	谑 水	谬 水	概 木
蛾 土	訾 火	照 火	路 火	蜂 水	献 水	微 水
徭 土	褚 火	楼 火	楚 火	蜀 水	幕 水	睦 水
颖 土	储 火	赖 火	督 火	槐 水	蒙 水	僕 水
誉 土	稚 土	颓 火	廉 火	稭 火	蒲 水	辟 水
骞 土	裔 土	蓝 火	嫪 火	奜 火	蓬 水	裨 水
鄘 土	雍 土	窦 火	亶 火	詹 火	频 水	溥 水
鄢 土	衙 土	触 火	斟 火	雷 火	福 水	腹 水

十三画（续）

配合画数

13，5，11

13，8，8

13，8，10

13，8，16

13，10，8

13，12，4

13，12，12

13，12，20

十四画

韶 金	需 金	翠 金	漕 金	漆 金	缩 金	鲜 金	蔷 金	蔡 金	蔌 金
赛 金	舆 金	鄫 金	暨 金	管 木	綦 木	搴 木	嘉 木	箕 木	旗 木
赫 木	禡 木	肇 木	阚 木	構 木	熊 水	碧 水	榑 水	嫚 水	瞀 水
㬎 水	豪 水	嘑 水	裴 水	僖 水	舞 水	貌 水	熙 水	瞑 水	滹 水
缪 水	蔓 水	慕 水	槅 水	廖 火	瘵 火	僮 火	嫘 火	雒 火	僚 火

端 火
翟 火
臧 火
摎 火
谯 火
谭 火
镂 火
蔺 火
銮 火
撖 火

鄿 火

榬 土
辕 土
藹 土
蔚 土

配合画数

14，4，7
14，4，11
14，4，13
14，4，17
14，7，11
14，10，7
14，10，11
14，10，13
14，10，15
14，10，21

十五画

奭 金
霄 金
虢 金
撒 金
颛 金
禰 金

樛 木
燃 木
稿 木
稽 木
颜 木
蕲 木
谴 木
鄭 木

篇 水
𨛔 水
皞 水
蝮 水
樊 水
暴 水

十五画（续）

褒 水
墨 水
麃 水
播 水
澓 水
潘 水
緡 水
樗 水
横 水
瞞 水

鹤 水
蕃 水

箴 火
黎 火
履 火
霅 火
稻 火
瘠 火
稷 火
儋 火

潜 火
德 火
潭 火
遴 火
遹 火
镇 火
鑢 火
滕 火
蓢 火
飂 火

耦 土

配合画数

15，6，10
15，6，18
15，8，8
15，8，10
15，8，16
15，9，8
15，9，9
15，10，8
15，10，14
15，14，10

十六画

嶭 金
膊 金
儒 金
冀 金
薛 金
隰 金

翰 木
激 木
麇 木
镜 木

鲸 木
齮 木
遽 木
辨 水
穆 水
糗 水
霍 水
衡 水
黔 水
默 水

薄 水
篷 水
翰 火
瞭 火
雕 火
澹 火
操 火
赞 火
颠 火
鄹 火

篯 火
豫 土
融 土
燕 土
劓 土

配合画数
16，8，6
16，8，7
16，8，9
16，8，13
16，8，15
16，8，17
16，7，9
16，13，16
16，16，13

十七画

瞫 金
霜 金
蹇 金
蟏 金
瞧 金
鞠 木
謭 木
謇 木
璩 木
魏 木

糜 水
繁 水
麋 水
檀 火
嚳 火
孺 火
襄 火
濯 火
藉 火
镡 火

十七画（续）

鍮 火
藏 火
戴 火

覬 土
繇 土
嬴 土
鄾 土
翼 土

配合画数

17，4，12
17，4，14
17，6，12
17，8，8
17，8，16
17，12，6
17，12，12

十八画

雔 金

曒 木
瞿 木
鬩 木

鵁 水
藩 水

藜 火
穧 火
鞮 火
鐕 火
瞻 火
鷺 火

鼬 土
曜 土

配合画数

18，6，5
18，6，7
18，6，11
18，6，15
18，6，17
18，7，6
18，11，6
18，11，10

十九画

- 蹶 木
- 蘧 木
- 骥 木
- 簿 水
- 讙 水
- 鳖 水

配合画数

19，4，12
19，5，13
19，6，10
19，6，12
19，10，4
19，10，6
19，12，4
19，12，6

二十画

- 犨 金
- 黥 木
- 蘖 木
- 灌 木
- 巍 木
- 矍 水
- 酆 水
- 籍 火
- 壤 火
- 鳞 火

配合画数

20，4，9
20，4，11
20，4，17
20，4，21
20，5，11
20，5，12
20，9，8
20，9，12

二十一画

夔 木

赣 木

霸 水

露 火

鳣 火

配合画数

21，4，12

21，4，14

21，8，8

21，8，10

21，10，6

21，10，8

21, 10, 14

二十二画

鬻 木

穰 水

囊 火

懿 土

配合画数

22, 10, 13

22, 10, 15

22, 7

22, 11

22, 13

22, 15

二十三画

麟 火

配合画数

23，8，8
23，8，10
23，10，8
23，12，4
23，12，6

二十四画

鑫 金

衢 木

配合画数

24，1，7
24，1，23
24，5，8
24，7，1
24，7，8
24，7，17
24，9
24，11
24，13
24，15
24，17

三十画

爨 土

配合画数
30，1，17
30，2，1
30，2，3
30，2，5
30，2，9
30，2，15
30，3，2
30，3，15
30，5，2
30，7，11
30，9，2
30，9，9
30，11，7
30，15，3
30, 15, 18
30, 15, 22
30, 7
30, 9
30, 11
30, 15
30, 17

取名用字

依五行顺序

金

二画——金

七 人 入 十

三画——金

三 千 小 上 山 川 士 才 寸 夕

刃 尸 于 习

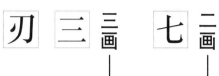

四画——金

专书予什仁仇仉从仓切
升双壬少尺心手扎殳氏
水认车市

五画——金

左生史仙占册申仕世阡
四司出仟且示石失匆只

五画——金（续）

主 矢 帅 讪 闪 刍 丝 圣 节 从

邦 邝

六画——金

丞 亘 产 任 伤 充 兆 先 全 再

冲 则 创 在 壮 夙 如 妆 字 存

孙 守 寺 岁 师 庄 式 弛 忖 戌

戍 成 收 旨 旬 曳 朱 杀 杂 次

此死池纡臣色西讼设迁

迂页驯驰巡芋邪争

七画——金

串伸伺佐余作初助邵⿱心口

吹坎坐声妊孜宋寿序忍

忧抄时杉材村束沁沈沙

沧灿状秀私纯纱肖苍苏

七画——金（续）

识诈诉词诏译财赤走身

辛辰迟钊社祀芮芯

八画——金

事些佴饮使侃侧侪洗净

郲陕刷刺势厕参叔取垂

妻妾始姓姗宗宙实审尚

帜往性所承拆拙昌昔松

枪 沾 帚 浅 炊 玱 盂 线 绅 细

织 绍 绎 肃 臾 舍 虱 衫 衬 视

试 诗 诚 询 详 责 述 采 钏 钗

青 饯 饰 驷 鱼 刹 受 松 若 苫

郲 邿

九画——金

[illegible] 亲 侵 促 俞 俟 削 前 叙 咨

九画——金（续）

哉奖姝姿宣室尝峙峥思
总恤战拾持指施星春昨
是昰昱柔柘查栈树残泉
洒洗洙津测炽牲狩狮珊
甚相省砂秋穿竖籾绒绚
绝胙胜胥茧茸茹荀草荏
药虽蚀说诵送选逊钞钟

须 飒 食 首 柿 茜 顺 修 城 宬

神 祠 茱 郗 差

十画——金

乘 借 倩 债 哲 唇 娠 宰 宸 射

席 座 弱 徐 恣 息 悦 斋 栖 栽

桑 殉 殊 浙 浸 消 烛 烝 烧 热

玺 珠 珣 盏 真 础 租 称 笑 素

十画——金（续）

索 绣 绥 翅 耸 耻 莎 莠 衰 衷

袖 请 谆 豺 轼 速 造 酒 钻 隼

晟 祥 羞 莘 笄 绨

十一画——金

象 梢 做 偿 兽 匙 唱 商 婵 宿

寂 崇 崔 巢 常 庶 庾 彩 悉 惜

授 措 斜 旋 旌 晨 曹 淑 淞 深

清 渍 渔 爽 猪 率 琇 盛 硕 秽

笙 笞 笥 笺 粗 绪 续 绳 绶 绸

综 船 菁 衔 袭 谕 谖 赦 趾 铦

铮 雀 雪 盛 菘 菜 萧 萨 隋 随

绩 赈

十二画——金

储 剩 善 喻 尊 愉 掌 散 斯 碽

十二画——金（续）

晶 曾 最 森 殖 渝 渻 湘 湫 湶

湿 淑 犀 猩 琛 琮 甥 畴 疏 禅

稍 税 窗 竦 策 粟 絮 羡 舒 裁

装 裕 觞 赎 赏 赐 超 践 释 销

锁 锄 锐 集 靓 黍 暑 溲 滋 萱

葫 葱 葳 属 隙 媭

亶 催 剿 嗣 塞 塍 嵩 想 愁 愈

慎 数 新 暄 椿 楫 榆 歆 滏 煊

煜 照 瑄 瑜 瑞 痴 睛 筹 签 肆

蒨 蜃 裟 艳 辑 辞 酬 错 锡 锤

锥 雏 靖 鹊 鼠 蜀 慈 甄 署 锘

𬭚 辞 赪

十四画——金

像僧嫱榭漆漕漩漱算粹
粽精綮缩翠聚肇舆蔷蝉
誓赛酸锵锹需静韶鲜磋
磁蔡睿

十五画——金

澍槽箱霄熟趣震璇锈奭

增 號 撰 聪 颛 缮 镌 馔 標 遵

赜

十六画——金

醒 儒 霓 操 翱 鲭 赞 薛 隰 薯

十七画——金

馘 璨 蹇 糟 翼 霜 燥 瞫 徽 瞧

𦈡

取名用字（依五行顺序）

十八画——金

謦 雠

十九画——金

藻 攒 癣 缵

二十画——金

馨 犨 鳜

二十三画——金

蠲

二十四画——金

鑫

二十五画——金

龣

木

二画——木

九 儿 几

三画——木

久 已 工 口 乞 巾 干 弓 兀 个

义 广 及

四画——木

五 亢 今 介 元 公 兮 冈 劝 勾

匀 区 午 孔 开 戈 支 斤 月 欠

气 爪 牙 牛 犬 艺 见 计 巨

五画——木

古 加 卉 玉 可 甲 刊 功 瓜 甘

丘 句 外 去 巧 卡 夯 尻 记 业

仪 归 旧 议 邛 击

六画——木

乔 交 仰 件 件 价 企 伉 伍 伎

伪 光 共 关 军 决 刚 匡 危 各

六画——木（续）

吉 圭 夸 奸 尧 屹 岂 巩 幵 庆

弛 戎 旭 曲 机 朽 权 汗 江 玑

乩 纥 纪 考 而 臼 艮 观 讲 许

讹 轨 过 安 汲 级 阮 阴 吸 祁

阶 馯

七画——木

杞 严 估 佉 克 劫 劲 却 县 君

间	纲	沃	改	库	坑	吟
饬	肝	沅	攻	忌	坚	启
驱	苋	沉	旱	快	壳	吴
鸡	角	灸	旷	忻	妓	吾
龟	言	狂	更	我	妖	呆
芹	诒	玖	杆	戒	妗	告
拒	谷	矶	求	扰	妧	呙
极	贡	究	汞	技	局	困
羌	近	穷	汽	抗	岐	均
妍	闲	系	沂	拟	岑	坎

七画——木（续）

启

八画——木

乖 京 佮 佳 佶 佼 供 侥 侨 其

具 咎 固 国 坤 奇 姁 姑 季 孤

官 宜 居 屈 岩 岳 庚 径 怡 怪

拘 斧 昂 昆 杰 构 析 果 枝 枢

枭 欣 泔 炅 炆 炎 炔 炘 狗 玠

玦 玩 现 盰 盵 矿 穹 空 经 股

肩 肯 艰 苟 芞 规 诘 诟 诡 该

贤 迦 金 顷 驹 驾 驿 建 炬 祈

郁 郊 降 䌹 隑 茔 呼 凯 券 勔

卦 卧 卷

九画——木

贯 举 俄 俙 俨 俭 冠 剑 哄 垠

九画——木（续）

垦 奎 契 姜 姞 姣 姱 娇 客 宫
彦 很 急 恢 恪 恺 括 拱 挂 挠
故 既 昴 枯 架 柑 柯 洁 洨 洸
浇 浒 牵 狡 珈 界 癸 皆 看 砚
禹 科 窃 竿 结 绕 给 绛 绞 羿
胤 荛 荞 莒 虹 蚁 衿 觇 觉 诚
语 诰 贵 轻 钢 钦 钧 钩 阁 饶

革
音
矩
颃
祜
笈
荃
荆
郡
骨

鬼
既
研
絖
尝

十画——木

俱
倔
倚
倪
倾
兼
剧
卿
原
哥

奚
姬
娟
娱
乘
家
宽
峨
恭
恳

悍
悟
拳
晃
晓
栓
栩
根
格
桀

桂
桥
浩
海
涓
牺
珓
珪
皋
竞

十画——木（续）

粉 紧 绢 继 缺 罡 耆 耕 耿 胶

茼 莞 虔 蚕 衾 觊 课 谊 贾 起

躬 钰 钳 顾 颂 验 高 倏 郭 郳

卿 骍 健

十二画——木

梧 假 偕 减 勖 匮 圈 域 基 堀

够 娸 寄 寇 崎 崖 康 悬 据 掘

救
教
斂
斛
晤
桸
械
检
涯
淇

淦
渠
烷
球
皎
盖
眷
眼
矫
移

竟
绮
翊
菅
菊
袈
谌
谏
谐
谒

谖
谚
距
逵
铙
铠
银
馆
馗
骐

骑
龚
敢
渠
祴
鄂

十二画——木

割
喾
寓
嵇
嵌
嵚
强
慨
揆
揭

十二画——木（续）

搁搅景期棋棍棨椅欺款

港湛溃焮晵焱然琦琨琪

琴琼皓皖睑硬确稀窘筐

翘蛟街裙裤谦辜铿锅阔

雁雅颉颊馈鹃鹄御敬祺

禽葶葛葵遇锏嫂媗𫖮𫊸

十三画——木

勤 嫁 愚 感 携 暇 暌 楷 概 源

溪 滚 献 瑟 畸 碕 禁 窟 筠 莞

简 粳 群 腼 舅 蓟 虞 裘 解 谨

跪 鉴 锜 锦 锯 阙 靳 靴 鼓 键

颐 魁 蒯

十四画——木

歌 兢 嘉 境 寡 愿 慷 敲 旗 毓

漪 犒 疑 箕 管 綮 赚 赫 酿 颗

龈 夐 貌 阚 溪 勤 暨

十五画——木

緖 鞎 嬿 撷 樛 毅 澔 稼 稿 蔪

觐 谴 靠 颚 颜 履 斖 趛

十六画——木

冀 器 圜 橘 激 燃 璟 磡 翰 邀

镜 鲸 麋 黔 擎 瞰 遽 𬺈

十七画——木

璩 糠 霗 罄 豁 黚 鞠 謇 魏 镪

瓛

十八画——木

黠 瞽 襟 瞰 瞿 颢 器 鹰 镰 㶉

十九画——木

麒 蟹 疆 蹶 蘧 霭 骥 警

二十画——木

曦 豐 黥 灌 巍 蘖

二十一画——木

夔 灏 赣

二十二画——木

鬻

二十三画——木

罐

二十四画——木

衢

二十五画——木

戆

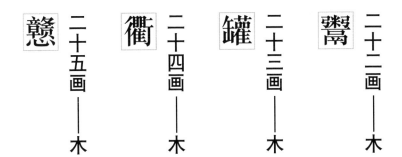

水

二画——水

八 匕 卜 乜

三画——水

下 亡 凡 万 个 丌 门 飞 马 习 乡 义

四画——水

不 丰 云 互 什 仆 仈 凤 凶 分

勿 化 匹 卞 反 夫 巴 币 幻 户

文 方 无 木 比 毛 火 父 片 贝

风 乏

五画——水

丕 丙 付 兄 冯 务 包 北 半 卯

五画——水（续）

丝号布平弁弗弘必戊未

末本母民汉灭玄疋白皮

皿目矛禾穴训发邗汇

六画——水

买亥仿伏伐休会兴冰刑

华协合名后向回好妃妇

妈并忙朴毕灰牝牟百米

网肉行访负迈闲问闯汲

芒邠邦防欢

七画——水

坂亨亩伯伴何佛免兵况

判刨别匣否含坊坌坎坟

夆奂妙妣好妨妧孚孛孝

宏尨尾希忘怀扶把抛护

七画——水（续）

报杏步每汶汾沐沛没泛
牡甫陂纷纹纺罕补评还
芽闳闵闷饭鸠麦巫纭芙
芬花芳芸陆

八画——水

享佩佫侔侠侩凭函卑卖
味呼命音和坡坪备奉奋

表	变	版	武	昏	彼	妹
觅	绊	牧	氓	朋	忽	孟
败	罔	物	河	服	或	宝
货	肥	狐	泊	杭	戽	岸
贩	肪	玫	泓	杯	房	帛
轰	肸	环	法	杳	抱	幸
迫	苹	盱	波	杷	拍	庙
采	苻	盲	泯	板	放	府
钒	范	矾	炑	枚	旻	庞
阜	虎	秉	爬	枫	明	弦

八画——水（续）

非 饱 饲 鸣 学 宓 奔 苗 苦 茀

茂 茅 陌 侔

九画——水

俣 便 俙 保 冒 勃 勉 勋 庬 厚

咸 品 哈 响 复 娃 宦 宪 封 屏

峡 巷 弯 恒 逢 恨 扁 拜 挥 昧

显 柄 柏 某 标 毗 洼 洽 派 浑

炫炮炳珀甭皇盆盻盼眇
眉砍秏秒绘罚美背胖胞
脉虾衍诲责贸费贺闻闽
阀阁面项饼香骅帮荒

十画——水

俯俵俸倍候冥剖唤圃埋
夏娑害宾峰捕换旁晖校

十画——水（续）

核 桓 桦 桧 浠 浦 浮 烘 烜 烨

珩 班 畔 疲 病 盍 眠 破 秘 秤

笏 笔 耄 耗 耘 臭 航 获 蚊 袍

袜 被 豹 较 配 釜 钵 颁 效 瓶

莆 莫 逢 部 陪 莽 辉 原

十一画——水

彪 晚 偏 凰 副 勘 匏 匾 培 婆

婚婞密崩彬徘患惇扈排
敏晦曼望桸梅梗梦梵梶
毫淳烽焕猛盒盘票符笨
粕绵脖谋辅铭鸿麻龛敝
萌萍虚

十二画——水

傅傍遍博喜堡堪媒媚富

十二画——水（续）

寒 帽 幅 弼 彭 徨 悲 惠 惶 愦

扉 斌 斐 斑 普 棉 棒 棓 棚 棼

欻 淼 渺 渼 湍 湣 湾 焙 琵 琶

番 稀 筅 筏 粥 缄 缅 缑 编 缗

葆 蛙 蛤 蛮 谟 赋 赔 跋 辈 辉

铺 锋 雄 雱 韩 颌 眮 募 滑

十三画——水

媲 嫔 微 携 楣 溥 满 滨 煌 煤

献 瑁 盟 睦 碑 稗 缚 缝 聘 腹

蜂 谬 鈉 雹 雱 雾 频 颔 鹏 幕

摸 槐 漠 福 蒙 蒲 魂 蓬 蜀 漨

十四画——水

嫥 僖 嫚 嫹 慢 榜 滹 漂 漫 熊

十四画——水（续）

熏 熙 碧 缪 舞 蜜 裴 谱 豪 貌

镁 髦 鼻 慕 模 蔓 魄 樠 暮

十五画——水

僻 劈 墨 嬉 慧 摩 播 敷 暪 暴

樊 樗 潘 潽 熛 瞑 瞒 磐 篇 翩

蝙 蝠 褒 醇 霈 飘 鹤 麃 繐 霉

横 蕃

十六画——水

璧 寰 熹 璠 磡 磨 穆 衡 辨 辩

镖 霍 霏 颟 黉 黔 默 禧 篷 薄

薇

十七画——水

儦 壕 徽 懋 濡 濮 燮 糜 縻 繁

羁 蹒 霞 麋

十八画——水

馥 翻 覆 鞭 璧 纊 藩

十九画——水

靡 嚭 羹 簿 瀚 攀 鳗 讙 霪

二十画——水

矍 镳 酆

二十一画——水

霹 霸 黯

二十二画——水

穰 亹

火

二画——火

二 丁 刀 力 了 乃 刁

三画——火

大 子 土 女 已 弋 孑 勺 之

四画——火

丑 中 丹 井 仍 仑 六 内 厅 历

天 太 屯 支 斗 日 止 歹 订 从

长 斗 队 丰 邓

五画——火

丛 乐 他 仝 代 令 兰 冉 冬 卢

厉 另 召 叮 台 叹 处 头 奴 奶

宁 对 尔 尼 打 扔 旦 札 朮 正

汀 田 礼 立 纠 让 鸟 龙 东 讨

电

六画——火

争 仲 众 全 刑 劦 列 刘 劣 动

匠 吊 同 吏 吐 吕 团 地 圳 场

多 妁 宅 寻 导 尖 尘 尽 州 年

六画——火（续）

执 早 朵 汛 汝 汤 灯 玎 竹 纣

老 耳 肋 自 至 舌 舟 虫 论 设

贞 齐 伦 托 传 农 当 达 驰 廷

芎 迅 邢 那 芝 地

七画——火

两 伶 佃 但 低 住 体 佗 佚 佟

兑 冶 冷 利 努 励 劳 即 卵 吞

丽	闰	良	灶	投	弄	听
芷	阵	芦	牢	折	弟	呈
邸	冻	苌	狄	李	张	坍
邹	岛	证	男	杖	形	坛
陀	纳	诊	甸	条	彤	妞
际	纸	豆	町	来	彻	妥
陆	纽	足	秃	沃	忐	姊
陇	针	进	纵	沚	忑	层
陈	钉	连	纶	沦	忒	岚
即	块	里	肠	灵	志	帐

七画——火（续）

妒

八画——火

乳 佴 佻 侈 例 侍 侗 侣 侦 侬

典 洌 到 制 剀 卒 卓 单 周 咀

咍 图 坦 奈 妮 妲 姐 孥 定 岭

岱 帑 帖 帘 帙 底 店 弥 弩 录

征 徂 忝 忠 念 忞 怗 怛 怜 抵

抽 拐 拓 招 择 昙 杵 杻 枕 林

枞 枣 沺 治 沼 泆 泠 泥 注 泺

泽 炉 炖 的 直 知 竺 籴 练 组

终 罗 苕 茔 质 贮 轮 迢 迭 钓

闹 隶 顶 驺 驻 驼 畅 祉 者 郅

郎 郛 郁 沓

九画——火

临 亭 亮 俊 俐 俗 信 俦 胄 剌

姹 南 厘 型 垌 垒 垣 奏 奖 娄

将 峦 帝 带 度 弇 待 律 怒 怠

怨 恬 挡 政 斫 昭 染 柚 柬 柱

柳 栋 段 毡 洛 洞 洲 浈 浊 济

浓 照 炭 炼 独 玲 珖 珍 珑 盈

盾祢种突竖笃类络统耏

耐胆胎胧荡荥荦荧衲袅

览贰贴赴轴铁轸适重钝

钠钮闾骆转炼迹毒诞俊

兹娜庭祖祚祝荼追退郦

郴斫

十画——火

明祐倒倬值党准凉唐娌

娘娣展峻席徒恋恕悌挚

振捉敌料旃旅晁晋朔朕

栗株栾桃桐流浚浪涂涉

涕涛涤润涨烈烬特狷狼

留畜疼疾砧砾祯离秦秩

陶	匿	铎	谆	莱	积
烔	朗	难	谈	莲	毳
都	荼	骏	资	莹	聂
难	莀	鸯	载	虑	能
縺	莘	涂	透	诸	脂
凌	莨	钲	逗	诺	致
娳	逐	钿	逡	读	舰
酌	通	铃	钱	谁	艳
	郴	顿	铁	调	荻
	陵	泰	铄	谅	莉

十一画——火

倰 梨 停 偻 勒 啄 啖 堂 弹 得

情 戚 捷 探 接 推 敕 敛 断 桶

梁 梓 梯 淂 淄 淋 淘 淡 添 焌

焘 犁 猎 琅 理 琉 琏 略 皑 盗

眺 祭 祷 窕 章 笛 笞 笠 第 笼

粒 粜 累 绩 绫 绰 绿 羚 翎 聃

聆聊脱萤营萦龇袋谘谛

豚逮逻铜铨阐雀领鹿紫

徜职淩堵屠廊着菱逸隆

隋

十二画——火

亵储喃喨堤婷媛就巽循

提揣援敦晴智晢替朝棠

十二画——火（续）

棣 植 椒 渡 湳 焦 焯 焰 犊 琢

琰 琳 畴 痛 登 短 硫 程 竣 童

等 筌 筑 筒 答 粥 缆 缇 缎 缓

缔 联 舜 落 蒋 貂 赍 跞 量 铸

链 雱 鲁 塔 戢 棱 禄 艇 萳 董

葴 榔 鲊 蒂 遂 道 鼎

十三画——火

雏 填 嫌 廉 摄 摊 斟 暖 楚 楠

楼 嵌 殿 溜 溢 滇 滟 滢 滦 煎

睢 督 碖 稔 稠 窦 粮 粲 缠 置

腰 腾 蓄 蓝 虞 触 詹 誉 路 跳

跻 遛 锣 褚 锭 雉 零 雷 颓 龄

叠 赖 蓁

十四画——火

僚 僮 嫘 嫠 嫡 嫩 察 彰 戬 摘

榴 槛 潆 瑭 瑱 端 翟 臧 蜡 裳

谭 谯 踆 辗 辣 銮 锻 镀 镂 雒

雰 韬 熥 璃 霆 鼐

十五画——火

澄 澈 澜 瑾 璋 稷 稻 箭 箴 膝

蝶
踏
遴
遹
镇
霅
题
鲤
鲫
滕

蕊
飗
[illegible]
䔒
逮
墀
墩
寮
履
德

撮
樟
潜
潭
潮

十六画——火

澑
辨
凝
嘴
擂
操
整
樵
樽
潞

澧
澹
燊
燧
獭
[illegible]
篮
篱
糖
臻

薪
螣
赞
赠
蹄
辙
镠
雕
霖
靛

十六画——火（续）

颠 鲰 篯

十七画——火

儡 孺 戴 檀 濯 瞬 了 瞳 磷 藉

螳 螺 襄 赡 糖 镡 镫 黏 黛 戴

爵 藏 𣎆 鍮

十八画——火

瞻 簪 藜 藤 镰 鳎 鹭

十九画——火

蠊 麓 颤 巅

二十画——火

壤 籍 纂 醴 骧 鳞

二十一画——火

癫 蠡 露

二十二画——火

囊

二十三画——火

麟

二十四画——火

贏

二十七画——火

豔

土

一画——土

乙 一

二画——土

又

三画——土

也 丸 么 兀 与 亿 卫

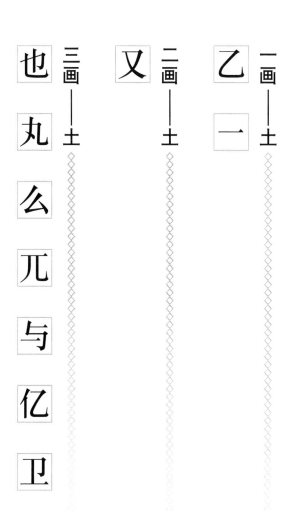

四画——土

王 友 尹 允 引 尤 厄 曰 元 韦

乌 为

五画——土

右 央 由 用 永 以 仔 幼 瓦 充

叶

六画——土

亚亦伊优伟划印压因夷宇安屹异有爷红约羊羽衣讴邬阳延

七画——土

任阿扬似位佑附佣克苈医员园围完应役忧抑攸

七画——土（续）

旸 杌 杨 汪 炀 犹 玚 苡 轩 运

远 邑 酉 饮 迎 邮

八画——土

侑 依 究 刻 咏 夜 奄 委 宛 往

押 拥 旺 昀 易 杼 枉 欧 油 沿

泑 泣 泱 泳 炜 玮 瓯 画 育 肴

苑 苛 衩 话 软 雨 驿 耶 英 郁

细苶

九画——土

养勇陨哀囿垚姚姻威宥

屋幽映衵昼歪洋洪活浑

爰甭畏禹院胃胡茵荣要

贻钥娜

十画——土

涎 敖 原 圆 壶 娴 宴 容 恩 恶

晏 样 案 殷 浴 烟 爱 益 盎 盐

翁 莺 邕 阅 顼 预 鸭 鸳 袁 铅

十一画——土

偃 偶 唯 圉 埜 婉 婴 寅 尉 庵

庸 悠 惟 欲 液 涴 淯 混 淹 渊

维 翌 菀 谒 谓 跃 酝 野 铫 黄

隐 揵

十二画——土

徭 堰 壹 萸 握 渭 游 湖 琬 翔

翕 蛙 越 遐 遗 骫 颎 黑 傲 奥

椰 温 瑛 萬 頍 圛 颖

十三画——土

筵 徭 意 摇 暗 溶 瑕 瑚 矮 碗

稚 筱 蓉 蛾 衙 裔 誉 遥 雍 韵

颖 骞 邀 鄘 鄢 猿

十四画——土

瑷 榕 潆 演 潢 稳 缨 蔚 蔼 辕

熬

十五画——土

影 慰 槱 樱 璎 璜 糊 耦 蝴 镒

镕 鞍 骞 澳

十六画——土

燕 豫 融 歙 嬴 褰 褧

十七画——土

壑 覬 繇 鄾 翼

十八画——土

曜 鞾

十九画——土

嬿 鏖

二十画——土

耀 羸

二十一画——土

趯

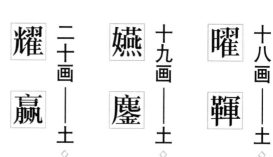

二十二画——土

懿

三十画——土

爨

取名用字

依笔画顺序

一画——土

乙 一

二画——金

七 人 入 十

二画——木

九 儿 几

二画——水

八 卜 乜 匕

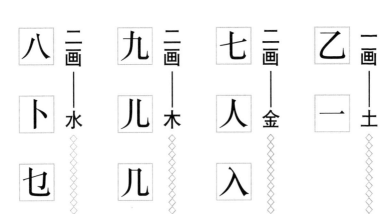

二画——火

二丁刀力了乃刁

二画——土

又

三画——金

三千小上山川士才寸夕

刃尸于习

三画——木

久 己 工 口 乞 巾 干 弓 兀 个

义 广 及

三画——水

下 亡 凡 万 个 丌 门 飞 马 习

乡 义

三画——火

大 子 土 女 已 弋 孑 勺 之

三画——土

也 丸 么 兀 与 亿 卫

四画——金

专 书 予 什 仁 仇 仉 从 仓 切

升 双 壬 少 尺 心 手 扎 殳 氏

水 认 车 市

四画——木

五 亢 今 介 元 公 兮 冈 劝 勾

四画——木（续）

匀区午孔开戈支斤月欠

气爪牙牛犬艺见计巨

四画——水

不丰云互什仆仈凤凶分

勿化匹卞反夫巴币幻户

文方无木比毛火父片贝

风乏

四画——火

丑 中 丹 井 仍 仑 六 内 厅 历

天 太 屯 支 斗 日 止 歹 订 从

长 队 丰 邓

四画——土

王 友 尹 允 引 尤 厄 曰 元 韦

乌 为

五画——金

左生史仙占册申仕世四司出仟且示石失匆只主矢帅讪闪刍阡丝圣节从邦邝

五画——木

古加卉玉可甲刊功瓜甘

丘句外去巧卡夯尻记业

仪归旧议击邛

五画——水

不丙付兄冯务包北半卯

丝号布平弁弗弘必戊未

末本母民汉灭玄疋白皮

皿目矛禾穴训发邗汇

五画——火

从乐他全代令兰冉冬卢

厉另召叮台叹处头奴奶

宁对尔尼打扔旦札术正

汀田礼立纠让鸟龙东讨

电

五画——土

右 央 由 用 永 以 仔 幼 瓦 充

叶

六画——金

丞 亘 产 任 伤 充 兆 先 全 再

冲 则 创 在 壮 夙 如 妆 字 存

孙 守 寺 岁 师 庄 式 弛 忖 戌

六画——金（续）

戌 成 收 旨 旬 曳 朱 杀 杂 次

此 死 池 纡 臣 色 西 讼 设 迁

迂 页 驯 驰 巡 芊 邪 争

六画——木

乔 交 仰 仵 件 价 企 伉 伍 伎

伪 光 共 关 军 决 刚 匡 危 各

吉 圭 夸 奸 尧 屹 岂 巩 扞 庆

弛 戎 旭 曲 机 朽 权 汗 江 玑

乩 纥 纪 考 而 臼 艮 观 讲 许

讹 轨 过 安 汲 级 阮 阴 吸 祁

阶 馯

六画——水

买 亥 仿 伏 伐 休 会 兴 冰 刑

华 协 合 名 后 向 回 好 妃 妇

六画——水（续）

妈 并 忙 朴 欢 毕 灰 牝 牟 百

米 网 肉 行 访 负 迈 閈 问 闯

汲 芒 邠 邦 防

六画——火

争 仲 众 全 刑 劦 列 刘 劣 动

匠 吊 同 吏 吐 吕 团 地 圳 场

多 妁 宅 寻 导 尖 尘 尽 州 年

执早朵汎汝汤灯玎竹纣
老耳肋自至舌舟虫论设
贞齐伦托传农当达驰廷
芍迅邢那芝地

六画——土

亚亦伊优伟划印压因夷
宇安屹异有爷红约羊羽

六画——土（续）

衣 讴 邬 阳 延

七画——金

串 伸 伺 佐 余 作 初 助 邵 吢

吹 坎 坐 声 妊 孜 宋 寿 序 忍

忱 抄 时 杉 材 村 束 沁 沈 沙

沧 灿 状 秀 私 纯 纱 肖 苍 苏

识 诈 诉 词 诏 译 财 赤 走 身

辛 辰 迟 钊 社 祀 芮 芯

七画——木

杞 严 估 佉 克 劫 劲 却 县 君

吟 启 吴 吾 呆 告 呙 困 均 坎

坑 坚 壳 妓 妖 妗 妧 局 岐 岑

库 忌 快 忻 我 戒 扰 技 抗 拟

改 攻 旱 旷 更 杆 求 汞 汽 沂

沃 沅 沉 灸 狂 玖 矶 究 穷 系

纲 肝 苋 角 言 诒 谷 贡 近 闲

间 饬 驱 鸡 龟 拒 极 羌 妍 启

芹

七画——水

坂 亨 亩 伯 伴 何 佛 免 兵 况

判 刨 别 匣 否 含 坊 坌 坎 坟

夆 奂 妙 妣 妤 妨 妩 孚 孛 孝

宏 尨 尾 希 忘 怀 扶 把 抛 护

报 杏 步 每 汶 汾 沐 沛 没 泛

牡 甫 芽 纷 纹 纺 罕 补 评 还

闳 闵 闷 饭 鸠 陂 麦 巫 纭 芙

芬 花 芳 芸 陆

七画——火

两 伶 佃 但 低 住 体 佗 佚 佟

兑 冶 冷 利 努 励 劳 即 卵 吞

听 呈 坍 坛 妞 妥 姊 层 岚 帐

弄 弟 张 形 彤 彻 忐 忑 忒 志

投 折 李 杖 条 来 沃 沚 沦 灵

灶 牢 狄 男 甸 町 秃 纵 纶 肠

良芦苌证诊豆足进连里

闰阵冻岛纳纸纽针钉块

丽芷邸邹陀际陆陇陈即

妒

七画——土

任阿扬似位佑附佣克芳

医员园围完应役忧抑攸

七画——土（续）

旸 杌 杨 汪 炀 犹 玚 苡 轩 运

远 邑 酉 饮 迎 邮

八画——金

事 些 佴 佽 使 侃 侧 侪 冼 净

郕 陕 刷 刺 势 厕 参 叔 取 垂

妻 妾 始 姓 姗 宗 宙 实 审 尚

帜 往 性 所 承 拆 拙 昌 昔 松

枪 沾 帚 浅 炊 玱 盂 线 绅 细

织 绍 绎 肃 臾 舍 虱 衫 衬 视

试 诗 诚 询 详 责 述 采 钏 钗

青 饯 饰 驷 鱼 刹 受 松 若 苦

郏 郜

八画——木

乖 京 佮 佳 佶 佼 供 侥 侨 其

八画——木（续）

具 咎 固 国 坤 奇 姁 姑 季 孤

官 宜 居 届 岩 岳 庚 径 怡 怪

拘 斧 昂 昆 杰 构 析 果 枝 枢

枭 欣 泔 炅 炆 炎 炔 炘 狗 玠

玦 玩 现 盰 盵 矿 穹 空 经 股

肩 肯 艰 苟 茕 规 诘 诟 诡 该

贤 迦 金 顷 驹 驾 驿 建 炬 祈

郁 郊 降 䌹 隑 茔 呼 凯 券 劻

卦 卧 卷

八画——水

享 佩 佫 侔 侠 侩 凭 函 卑 卖

味 呼 命 音 和 坡 坪 备 奉 奋

妹 孟 宝 岸 帛 幸 庙 府 庞 弦

彼 忽 或 戽 房 抱 拍 放 旻 明

八画——水（续）

昏 朋 服 杭 杯 杳 杷 板 枚 枫

武 氓 河 泊 泓 法 波 泯 炑 爬

版 牧 物 狐 玫 环 盱 盲 矾 秉

变 绊 罔 肥 肪 肸 苹 苻 范 虎

表 觅 败 货 贩 轰 迫 采 钒 阜

非 饱 饲 鸣 学 宓 奔 苗 苦 茀

茂 茅 陌 侔

乳 佴 佻 侈 例 侍 侗 侣 侦 侬

典 冽 到 制 剀 卒 卓 单 周 咀

咍 图 坦 奈 妮 妲 姐 孥 定 岭

岱 帑 帖 帘 帙 底 店 弥 弩 录

征 徂 忝 忠 念 忞 怙 怛 怜 抵

抽 拐 拓 招 择 昙 杵 杻 枕 林

八画——火（续）

枞 枣 洇 治 沼 泆 泠 泥 注 泺

泽 炉 炖 的 直 知 竺 籴 练 组

终 罗 苕 茔 质 贮 轮 迢 迭 钓

闹 隶 顶 骀 驻 驼 畅 祉 者 郅

郎 邪 郁 沓

八画——土

侑 依 衮 刻 咏 夜 奄 委 宛 往

押 拥 旺 昀 易 杼 枉 欧 油 沿

泑 泣 泱 泳 炜 玮 瓯 画 育 肴

苑 苛 衩 话 软 雨 驿 耶 英 郁

䌷 苶

九画——金

[illegible] 亲 侵 促 俞 俟 削 前 叙 咨

哉 奖 姝 姿 宣 室 尝 峙 峥 思

九画——金（续）

总恤战拾持指施星春昨

是昰昱柔柘查栈树残泉

洒洗洙津测炽牲狩狮珊

甚相省砂秋穿竖籾绒绚

绝胙胜胥茧茸茹荀草茬

药虽蚀说诵送选逊钞钟

须飒食首柿茜顺修城宬

差 神 祠 茱 郗

九画——木

贯 举 俄 俙 俨 俭 冠 剑 哄 垠

垦 奎 契 姜 姞 姣 姱 娇 客 宫

很 急 恢 恪 恺 括 拱 挂 挠 故

既 昂 枯 架 柑 柯 洁 洨 洸 浇

浒 牵 狡 珈 界 癸 皆 看 砚 禹

九画——木（续）

科窃竿结绕给绛绞羿胤

荛荞莒虹蚁衿觇觉诚语

诰贵轻钢钦钧钩阁饶革

音矩顼祜笈荃荆郡骨鬼

既研统尝彦

九画——水

侯便俙保冒勃勉勋庞厚

阀	脉	眉	炫	显	峡	咸
阁	虾	砍	炮	柄	巷	品
面	衍	秏	炳	柏	弯	哈
项	诲	秒	珀	某	恒	响
饼	贲	绘	甭	标	逄	复
香	贸	罚	皇	眦	恨	娃
骅	费	美	盆	洼	扁	宧
帮	贺	背	盻	洽	拜	宪
荒	闻	胖	盼	派	挥	封
	闽	胞	眇	浑	昧	屏

九画——火

临亭亮俊俐俗信俦胄刺

姹南厘型垌垒垣奏奖娄

将峦帝带度弇待律怒怠

怨恬挡政斫昭染柚柬柱

柳栋段毡洛洞洲浈浊济

浓照炭炼独玲玳珍珑盈

盾祢种突竖笃类络统耏

耐胆胎胧荡荥荦荧衲袅

览贰贴赴轴轶轸适重钝

钠钮闾骆转炼迹毒诞俊

兹娜庭祖祚祝茶追退郦

郲斫

九画——土

养 勇 陨 哀 囿 垚 姚 姻 威 宥

屋 幽 映 昶 昼 歪 洋 洪 活 浑

爰 甭 畏 禹 院 胃 胡 茵 荣 要

贻 钥 娜

十画——金

乘 借 倩 债 哲 唇 娠 宰 宸 射

席 座 弱 徐 悠 息 悦 斋 栖 栽

桑 殉 殊 浙 浸 消 烛 烝 烧 热

玺 珠 珣 盏 真 础 租 称 笑 素

索 绣 绥 翅 笋 耻 莎 莠 衷 袖

请 谆 豺 轼 速 造 酒 钻 隼 晟

祥 羞 莘 笄 绨 衰

十画——木

俱倔倚倪倾兼剧卿原哥
奚姬娟娱𬞟家宽峨恭恳
悍悟拳晃晓栓栩根格桀
桂桥浩海涓牺珓珪皋竞
粉紧绢继缺罡耆耕耿胺
乘莞虔蚕衾觊课谊贾起

躬钰钳顾颂验高倏健郭

郢卿骍

十画——水

俯俵俸倍候冥剖唤圃埋

夏娑害宾峰捕换旁晖校

核桓桦桧浠浦浮烘烜烨

珩班畔疲病盍眠破秘秤

十画——水（续）

笏笔耄耗耘臭航获蚊袍

袜被豹较配釜钵颁效瓶

莆莫逢部陪莽辉原

十画——火

明祐倒倬值党准凉唐娌

娘娣展峻席徒恋恕悌挚

振捉敌料旃旅晁晋朔朕

铄	谆	莱	积	留	涕	栗
铎	谈	莲	耄	畜	涛	株
难	资	莹	聂	疼	涤	栾
骏	载	虑	能	疾	润	桃
鸯	透	诸	脂	砧	涨	桐
涂	逗	诺	致	砾	烈	流
钲	逡	读	舰	祯	烬	浚
钿	酌	谁	艳	离	特	浪
铃	钱	调	荻	秦	狷	娳
顿	铁	谅	莉	秩	狼	涉

十画——火（续）

泰 匿 朗 荼 莀 莘 莨 逐 通 郴

陵 陶 烔 都 难 缍 凌

十画——土

涎 准 原 圆 壶 娴 宴 容 恩 恶

晏 样 案 殷 浴 烟 爱 益 盎 盐

翁 莺 袁 邕 铅 阅 顼 预 鸭 鸳

敖

象 梢 做 偿 兽 匙 唱 商 婵 宿

寂 崇 崔 巢 常 庶 庾 彩 悉 惜

授 措 斜 旋 旌 晨 曹 淑 淞 深

清 渍 渔 爽 猪 率 琇 盛 硕 秽

笙 笞 笥 笺 粗 绪 续 绳 绶 绸

综 船 菁 衔 袭 谕 谖 赦 趾 铦

十一画——金（续）

铮雀雪盛菘菜萧萨隋随

绩赈

十一画——木

梧假偕减勖匮圈域基堀

够娸寄寇崎崖康悬据掘

救教敛斛晤桸械检涯淇

淦渠烷球皎盖眷眼矫移

竟 绮 翊 萱 菊 袈 谌 谏 谐 谒

谖 谚 距 逵 铙 铠 银 馆 馗 骐

骑 龚 敢 渠 祴 鄂

十一画——水

彪 晚 偏 凰 副 勘 匏 匾 培 婆

婚 婞 密 崩 彬 徘 患 惇 扈 排

敏 晦 曼 望 桸 梅 梗 梦 梵 梶

毫 淳 烽 焕 猛 盒 盘 票 符 笨

粕 绵 脖 谋 辅 铭 鸿 麻 龛 敝

萌 萍 虚

十一画——火

倰 梨 停 偻 勒 啄 啖 堂 弹 得

情 戚 捷 探 接 推 敕 敛 断 桶

梁 梓 梯 淂 淄 淋 淘 淡 添 焌

焘犁猎琅理琉琏略皑盗
眺祭祷窕章笛笤笠第笼
粒粜累绩绫绰绿羚翎聃
聆聊脱萤营萦衅袋谘谛
豚逮逻铜铨阐雀领鹿紫
徜职淩堵屠廊着菱逸隆
隋

十一画——土

偃 偶 唯 圉 埜 婉 婴 寅 尉 庵
庸 悠 惟 欲 液 涴 淯 混 淹 渊
维 翌 菀 谒 谓 跃 酝 野 铫 黄
隐 揵

十二画——金

储 剩 善 喻 尊 愉 掌 散 斯 硕

葫	锁	装	稍	湿	晶
葱	锄	裕	税	淑	曾
葳	锐	觞	窗	犀	最
属	集	赎	竦	猩	森
隙	靓	赏	策	琛	殖
婴	黍	赐	粟	琮	渝
	暑	超	絮	甥	渻
	溲	践	羡	畴	湘
	滋	释	舒	疏	湫
	萱	销	裁	禅	渌

十二画——木

割嵤寓嵇嵌嵚强慨揆揭
搁搅景期棋棍棨椅欺款
港湛溃焮晵焱然琦琨琪
琴琼皓皖睑硬确稀窘筐
翘蛟街裙裤谦辜铿锅阔
雁雅颉颊馈鹃鹄御敬祺

禽 萼 葛 葵 遇 锏 嫂 媗 𫖮 𫊸

十二画——水

傅 傍 遍 博 喜 堡 堪 媒 媚 富

寒 帽 幅 弼 彭 徨 悲 惠 惶 愦

扉 斌 斐 斑 普 棉 棒 棓 棚 棼

欻 淼 渺 渼 湍 湣 湾 焙 琵 琶

番 稀 筅 筏 粥 缄 缅 缑 编 缗

十二画——水（续）

葆 蛙 蛤 蛮 谟 赋 赔 跋 辈 辉

铺 锋 雄 雰 韩 颔 瞷 募 滑

十二画——火

亵 储 喃 喨 堤 婷 媛 就 巽 循

提 揣 援 敦 晴 智 暂 替 朝 棠

棣 植 椒 渡 湳 焦 焯 焰 犊 琢

琰 琳 畴 痛 登 短 硫 程 竣 童

等 筌 筑 筒 答 粥 缆 缇 缎 缓

缔 联 舜 落 蒋 貂 赍 跞 量 铸

链 雱 鲁 塔 戢 棱 禄 艇 萳 董

葳 榔 鲊 蒂 遂 道 鼎

十二画——土

傜 堰 壹 奠 握 渭 游 湖 琬 翔

翕 蛙 越 遐 遗 颍 颎 黑 傲 奥

十二画——土（续）

椰 温 瑛 萬 颎 闉 骫

十三画——金

亶 催 剿 嗣 塞 媵 嵩 想 愁 愈

慎 数 新 暄 椿 楫 榆 歆 滏 煊

煜 照 瑄 瑜 瑞 痴 睛 筹 签 肆

蒨 蜃 裟 赩 辑 辞 酬 错 锡 锤

锥 雏 靖 鹊 鼠 蜀 慈 甄 署 锘

𬭚 辞 赪

十三画——木

勤 嫁 愚 感 携 暇 睽 楷 概 源

溪 滚 献 瑟 畸 碕 禁 窟 筠 筦

简 粳 群 腼 舅 蓟 虞 裘 解 谨

跪 鉴 锜 锦 锯 阙 靳 靴 鼓 键

颐 魁 蒯

十三画——水

媲嫔微携楣溥满滨煌煤

献瑁盟睦碑稗缚缝聘腹

蜂谬钠雹雳雾频颔鹏幕

摸槐漠福蒙蒲魂蓬蜀漨

十三画——火

雏 填 嫌 廉 摄 摊 斟 暖 楚 楠

楼 歂 殿 溜 溢 滇 滟 滢 滦 煎

睢 督 碖 稔 稠 窦 粮 粲 缠 置

腰 腾 蓄 蓝 虞 触 詹 誊 路 跳

跻 遛 锣 锗 锭 雉 零 雷 颓 龄

叠 赖 蓁

十三画——土

筵 徭 意 摇 暗 溶 瑕 瑚 矮 碗

稚 筱 蓉 蛾 衙 裔 誉 遥 雍 韵

颖 骞 遨 鄘 鄢 猿

十四画——金

像 僧 嫱 榭 漆 漕 漩 漱 算 粹

粽 精 綮 缩 翠 聚 肇 與 蔷 婵

誓 赛 酸 锵 锹 需 静 韶 鲜 磋

磁 蔡 睿

十四画——木

歌 兢 嘉 境 寡 愿 慊 敲 旗 毓

漪 犒 疑 箕 管 綮 赚 赫 酿 颗

龈 夐 貌 阚 溪 勤 暨

十四画——水

嫥 僖 嫚 嫹 慢 榜 溥 漂 漫 熊

熏 熙 碧 缪 舞 蜜 裴 谱 豪 貌

镁 髦 鼻 慕 模 蔓 魄 樠 暮

十四画——火

僚 僮 嫘 嫈 嫡 嫩 察 彰 戳 摘

榴 槛 潆 瑭 瑱 端 翟 臧 蜡 裳

谭 谯 踆 辗 辣 銮 锻 镀 镂 雒

霁 韬 熥 璃 霆 鼐

十四画——土

瑷 榕 滺 演 潢 稳 缨 蔚 蔼 辕

熬

十五画——金

澍 槽 箱 霄 熟 趣 震 璇 锈 奭

十五画——金（续）

增 號 撰 聪 颛 缮 镌 馔 標 遵

赜

十五画——木

緒 輥 燃 撷 樛 毅 澔 稼 稿 蕲

觐 谴 靠 颚 颜 履 齑 趛

十五画——水

僻 劈 墨 嬉 慧 摩 播 敷 瞞 暴

樊 樗 潘 潽 熛 瞑 瞒 磐 篇 翩

蝙 蝠 褒 醇 霈 飘 鹤 麃 缌 霉

横 蕃

十五画——火

逮 墀 墩 寮 履 德 撮 樟 潜 潭

潮 澄 澈 澜 瑾 璋 稷 稻 箭 箴

膝 蝶 踏 遴 遹 镇 霅 题 鲤 鲫

十五画——火（续）

滕 蕊 飕 锪 萳

十五画——土

影 慰 標 樱 瓔 璜 糊 耦 蝴 镒

镕 鞍 骞 澳

十六画——金

醒 儒 霓 操 翱 鲭 赞 薜 隰 薯

十六画——木

冀 器 圜 橘 激 燃 璟 礅 翰 邀

镜 鲸 麋 黔 擎 瞰 遽 𬺈

十六画——水

壁 寰 熹 璠 礅 磨 穆 衡 辨 辩

镖 霍 霏 颟 黉 黔 默 禧 篷 薄

薇

十六画——火

濡 [illegible] 凝 嘴 擂 操 整 樵 樽 潞

澧 澹 燊 燧 獭 [illegible] 篮 篱 糖 臻

薪 螣 赞 赠 蹄 辙 镠 雕 霖 靛

颠 鲰 篯

十六画——土

燕 豫 融 歙 嬴 褰 褧

十七画——金

馘 璨 蹇 糟 翼 霜 燥 瞫 徽 瞧 繻

十七画——木

璩 糠 霠 罄 豁 黚 鞠 謇 魏 镪 瓛

十七画——水

儦 壕 徽 懋 濡 濮 燮 縻 縻 繁

十七画——水（续）

羈 蹣 霞 麋

十七画——火

儡 孺 戴 檀 濯 瞬 瞭 瞳 磷 藉

螳 螺 襄 瞻 糖 鐔 鐙 黏 黛 戴

爵 藏 嬴 鍮

十七画——土

壑 覬 谿 鄾 翼

十八画——金

謦 雠

十八画——木

黠 瞀 襟 鸂 曒 瞿 颢 器 鹰 镰

十八画——水

馥 翻 覆 鞭 璧 繢 藩 翻

十八画——火

瞻 簪 藜 藤 镰 鳎 鹭

十八画——土

曜 韗

十九画——金

藻 攒 廯 缵

十九画——木

麒 蟹 彊 蹶 蘧 靄 骥 警

十九画——水

靡 嚭 羹 霪 簿 瀚 攀 鳗 讙

十九画——火

蠊 麓 颤 巅

十九画——土

嬿 鏖

二十画——金

馨 犨 鳜

二十画——木

曦 豐 黥 灌 巍 蘖

二十画——水

矍 鏕 酆

二十画——火

壤 籍 纂 醴 驤 鱗

二十画——土

耀 嬴

二十一画——木

夔 灏 赣

二十一画——水

霹 霸 黯

二十一画——火

癫 蠡 露

二十一画——土

趯

二十二画——木
鬻

二十二画——水
穰
亹

二十二画——火
囊

二十二画——土
懿

二十三画——金

蠲

二十三画——木

罐

二十三画——火

麟

二十四画——金

鑫

衢
二十四画——木

贏
二十四画——火

龣
二十五画——金

戆
二十五画——木

二十七画——火

豔

三十画——土

爨

苏民峰 简易改名法

作者

苏民峰

编辑

梁美媚

造型摄影

Polestar Studio

美术统筹

Ami

美术设计

朱静

排版

Sonia Ho

出版者

圆方出版社

香港鲗鱼涌英皇道1065号东达中心1305室

电话：2564 7511

传真：2565 5539

电邮：info@wanlibk.com

网址：http://www.formspub.com

http://www.facebook.com/formspub

发行者

香港联合书刊物流有限公司

香港新界大埔汀丽路36号

中华商务印刷大厦3字楼

电话：2150 2100

传真：2407 3062

电邮：info@suplogistics.com.hk

承印者

中华商务彩色印刷有限公司

香港新界大埔汀丽路36号

出版日期

二〇一六年七月第一次印刷

ISBN978-988-8325-96-2

Published in Hong Kong

《相学全集》卷一至卷四

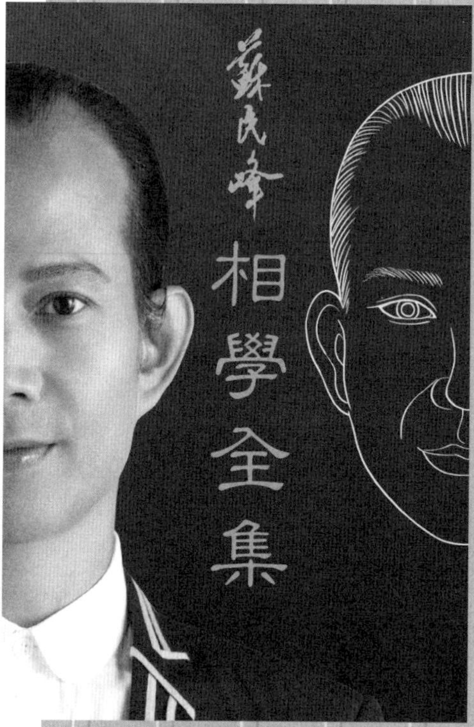

首部同时汇编相法、古诀、个人心法的相学大全！

阐述面相部位分法，如三停、十二宫、五岳四渎、百岁流年图等；

公开独立部位相法，涵盖额、耳、眉、眼、颧、鼻、口、下巴等，尽道早岁至晚运的命运玄机；

传授坊间少有流传的内相秘法，颈、肩、腰、腹、脐、臀，尽见其中；

细论其他相法，包括动相、声音、气色，习相者不可不察。

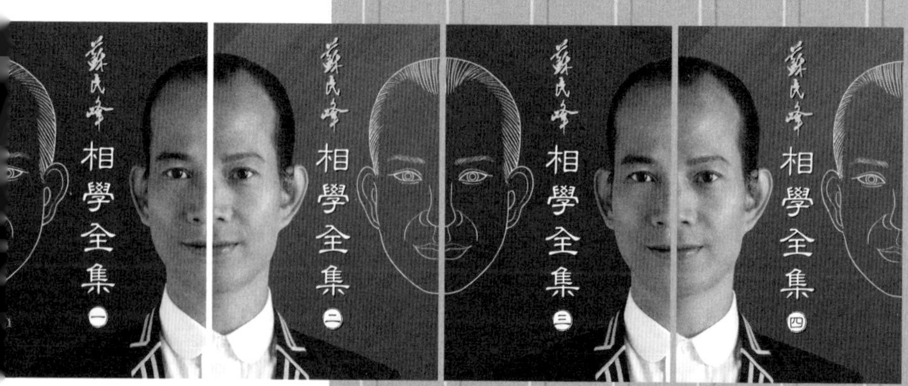

欢迎加入圆方出版社「正玄会」！

您了解何谓「玄学」吗？您对「山医卜命相」感兴趣吗？
您相信破除迷信能够转化为生活智慧而达至趋吉避凶吗？
「正玄会」正为读者提供解答之门：会员除可收到源源不断的玄学新书资讯，享有购书优惠外，更可参与由著名作者主讲的各类玄学研讨会及教学课程。
「正玄会」诚意征纳「热爱玄学、重人生智慧」的读者，只要填妥下列表格，即可成为「正玄会」的会员！

您的宝贵意见……

您喜欢哪类玄学题材？(可选多于1项)

☐风水 ☐命理 ☐相学 ☐医卜
☐星座 ☐佛学 ☐其他＿＿＿＿

您对哪类玄学题材感兴趣，而坊间未有出版品提供，请说明：

＿＿＿＿＿＿＿＿＿＿＿＿＿＿＿＿

此书吸引您的原因是：(可选多于1项)

☐兴趣 ☐内容丰富 ☐封面吸引 ☐工作或生活需要
☐作者因素 ☐价钱相宜 ☐其他＿＿＿＿

您如何获得此书？

☐书展 ☐报摊/便利店 ☐书店(请列明：＿＿＿＿)
☐朋友赠予 ☐购物赠品 ☐其他＿＿＿＿

您觉得此书的书价：

☐偏高 ☐适中 ☐因为喜欢，价钱不拘

除玄学书外，您喜欢阅读哪类书籍？

☐食谱 ☐小说 ☐家庭教育 ☐儿童文学 ☐语言学习 ☐商业创富
☐儿童图书 ☐旅游 ☐美容/纤体 ☐现代文学 ☐消闲
☐其他＿＿＿＿

成为我们的尊贵会员……

姓名：＿＿＿＿ ☐男 / ☐女 ☐单身 / ☐已婚
职业：☐文职 ☐主妇 ☐退休 ☐学生 ☐其他＿＿＿＿
学历：☐小学 ☐中学 ☐大专或以上 ☐其他＿＿＿＿
年龄：☐16岁或以下 ☐17-25岁 ☐26-40岁 ☐41-55岁 ☐56岁或以上

联络电话：＿＿＿＿ 电邮：＿＿＿＿

地址：＿＿＿＿＿＿＿＿

请填妥以上资料，剪出或影印此页黏贴后寄回：香港鲗鱼涌英皇道1065号东达中心1305室「圆方出版社」收，或传真至：(852) 2597 4003 ，即可成为会员！

*所有资料只供本公司参考

请填妥后对摺，黏贴后即可直接邮寄谢谢

请贴邮票

寄

香港鲗鱼涌英皇道

1065 号东达中心 1305 室

「圆方出版社」收